ÉTUDE SOCIALE

LA COLLECTIVITÉ

PAR

A. DE BREVANS

Prix : 1 fr. 50 c.

PARIS
LE CHEVALIER, ÉDITEUR
61, RUE RICHELIEU, 61

1872

LA COLLECTIVITÉ

ÉTUDE SOCIALE

LA COLLECTIVITÉ

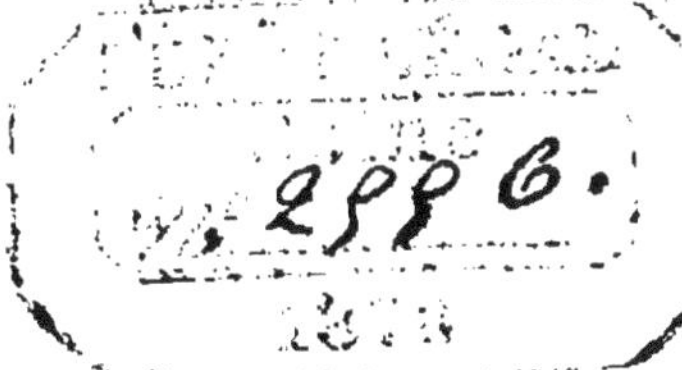

PAR

A. DE BREVANS

Prix : 1 fr. 50 c.

PARIS

LE CHEVALIER, ÉDITEUR

61, RUE RICHELIEU, 61

1872

PRÉFACE.

J'ai entrepris cette étude dans le but de me rendre un compte précis de la question sociale.

Ce désir personnel d'être fixé sur les bases économiques n'est point un fait isolé; il s'impose à nombre d'esprits; car il a sa source dans les incohérences politiques et sociales que nous avons chaque jour sous les yeux, savoir : des révolutions et des réactions successives, des misères imméritées ou impossibles à prévenir, des prospérités non motivées, une somme énorme de forces perdues au détriment de tous : ordre de choses qui n'est plus en harmonie avec le développement de l'idée de justice à notre temps, avec le principe d'égalité qui constitue l'essence des constitutions modernes; qui n'est plus conforme, en un mot, avec l'ordre rationnel que nous pouvons désirer ou concevoir.

— Beaucoup ont une réponse facile : « Qu'y faire?..... »

— Mais!..... Étudier, aviser et accueillir les recherches! Car le monde marche, ainsi que le constate l'histoire dans toutes ses phases; et ceux qui se contentent de cette fin de non-recevoir n'auraient pas lieu d'être surpris, si un beau jour ils voyaient surgir une modification radicale, en lieu et place de la transition calme et pacifique que nous devons désirer pour la sauvegarde des intérêts de tous.

La conscience publique, en effet, a ses soulèvements comme la conscience privée; et si une organisation quelle qu'elle soit persiste au delà du temps où elle était utile ou nécessaire, elle est brutalement renversée, un jour ou l'autre, par les intérêts qu'elle froisse, sauf à tous à subir les conséquences du bouleversement.

Telle est l'action révolutionnaire que la sagesse voudrait prévenir, mais que la ténacité des intérêts établis rend fatale.

Cette ténacité est d'autant plus grande que, hors de ce qui est, on ne sait où on va, par suite de l'ignorance, encore générale, des ressorts économiques, de leur mécanisme et des facilités de transmission qu'ils présentent sans nuire à aucun intérêt. Loin de là! car toute iniquité abattue dans la société, constitue un progrès qui donne à celle-ci plus de force, plus de cohésion, plus de vitalité.

— D'autres disent : Nous ne nions pas tout ce qu'il y a à faire; mais commençons par un bout, fondons la Liberté et tout ira de soi! —

C'est à ces derniers, surtout, que ce livre s'adresse. Ce ne sont pas des esprits inactifs ou des cœurs légers, mais ils ne voient qu'une des faces de la question, et ne se rendent pas compte que le fait social est complexe; que l'homme est à la fois Individu et Citoyen, que par conséquent la Liberté publique ne peut se fonder que sur la Liberté privée, c'est-à-dire sur l'établissement rationnel des intérêts.

Sans qu'ils s'en doutent, ils représentent, au naturel, la fable du Sysiphe antique roulant son rocher au haut de la montagne. Le bloc retombe sans cesse, faute d'appui, et les écrase ou les meurtrit! — C'est toujours à recommencer! —

L'humanité se fatigue à ce rôle et a grand besoin de savoir là où elle va!

— Qui le lui dira?

— L'analyse pure et simple du fait social!

Trop généralement, c'est dans le passé que nous allons chercher nos lumières. Le passé peut bien montrer aux esprits clairvoyants la marche de l'humanité dans l'histoire, mais il ne nous est d'aucun secours quant à l'avenir; car les sociétés nouvelles sont trop dissemblables des anciennes, par la raison que l'idée de justice y a pris et y prend chaque jour un développement de plus en plus grand, et que c'est en elles-mêmes qu'il faut les étudier. — C'est comme si la science moderne allait s'inspirer des hypothèses du moyen âge pour résoudre les problèmes de la nature : elle a mieux à faire! — Elle prend les faits dans toute leur réalité ; elle les dissèque, elle les analyse ; et ce n'est que sur des observations précises, réitérées et corroborées par la raison, qu'elle détermine leurs lois.

Voilà la méthode scientifique qu'il faut appliquer à la société! —

— Essayons!.....

LA COLLECTIVITÉ

CHAPITRE Ier.

La Politique et le Socialisme.

I

A M **.**

Monsieur,

J'ai conservé le souvenir d'une attaque acerbe de votre part contre le socialisme, dans son principe de la COLLECTIVITÉ.

Le lieu ne comportait pas d'en établir la raison d'être. Je l'essaye aujourd'hui ; tout en poursuivant un antagonisme fâcheux, que vous avez contribué à poser devant mon esprit, entre la *Démocratie* et la *Science sociale :* deux faits corrélatifs.

II

Les intelligences actives semblent, en effet, se diviser à notre temps en deux catégories : faute d'analyser le question dans son ensemble et d'établir le but commun.

Les *Politiques* affirment que la Liberté établira d'elle-même tous les intérêts moraux et matériels sur leur véritable base et tranchera toutes les questions sociales pendantes.

— Oui, sans doute! — disent les *Socialistes*, — mais à la condition que les intérêts, les mœurs, les rapports sociaux, jusqu'ici régis par la Loi individuelle, à savoir : Le *Despotisme*, le *Privilége*, le *Monopole*, l'*Exploitation*, la *Spéculation*, se transformeront simultanément et permettront tout essor à la Liberté : c'est-à-dire, qu'en même temps qu'on constituera l'État sur des bases rationnelles, on constituera simultanément l'individu, le Citoyen, dans sa vie, dans ses intérêts, dans son indépendance, dans sa dignité. — Autrement, à qui s'adresserait cette *Liberté?*... A des esclaves plus ou moins affranchis! —

— Est-il libre celui qui dépend, dans son existence de chaque jour, du bon plaisir d'autrui? — Et n'oppose-t-on pas perpétuellement au développement de la Liberté publique, la sécurité des intérêts établis, l'indignité des intérêts en souffrance, l'indignité de la *vile multitude?*

Il faut même bien constater que les considérations économiques absorbent les esprits, au point de peser d'un grand poids sur la Politique et d'entraver sa marche progressive. Car le sol des intérêts est si peu solide dans l'installation factice actuelle, qu'on tremble à la perspective du moindre mouvement qui pourrait déranger leur équilibre.

La Politique, dite *Libérale*, a bien inventé cette fameuse formule : LIBERTÉ, ORDRE PUBLIC! — Mais quel est cet ordre public?

— Est-ce l'ordre Économique actuel?

— Est-ce l'ordre Rationnel, qui seul peut donner satisfaction à tous les intérêts?

Celui-ci est tout à établir. Car l'ordre actuel, c'est le *Privilége de l'Existence assurée, de l'Instruction, des fonctions publiques, de l'Exploitation :* Et on perdrait son temps à vouloir persuader à ceux qui en pâtissent, qu'il est le plus admirable possible. — Vouloir donc fonder la Liberté sur un semblable point de départ, c'est vouloir constituer la prédominance de l'Élément qui règne et qui régit aujourd'hui ; c'est développer le *Privilége du Capital individuel.* Car notons bien que la Liberté est le droit égal pour tous : Que du moment où son application restreint ou annihile le droit général, elle cesse d'être la Liberté et devient monopole.

Le Capital a déjà largement mis à profit ce qui a été octroyé de liberté jusqu'à ce jour, soit par sa prédominance sur les intérêts, soit en constituant sa puissance par la réunion des capitaux isolés dans la *société financière*. Que sera-ce donc dans l'avenir? — Et il eût été tout aussi satisfaisant de voir se produire cette maxime : *Liberté, ordre public ;* en plein moyen âge, alors que la force et la richesse, le *Pouvoir* et le *Capital,* étaient l'apanage de quelques-uns, des *Seigneurs féodaux.*

89 a renversé le Privilége de la *Souveraineté individuelle* en proclamant la SOUVERAINETÉ NATIONALE, c'est-à-dire la *Souveraineté collective,* la souveraineté de tous ; d'après ce principe que tous nous sommes directement intéressés à la gestion des intérêts publics et que tous nous devons y prendre part. Mais il a laissé subsister le Privilége du *Capital individuel,* en lieu et place du *Droit collectif,* du droit de tous au FONDS COMMUN : Car, là encore, nous sommes tous directement intéressés, en ce que ce Fonds commun représente le Droit primordial, le droit de vivre pour tous, comme il sera dit plus amplement. — Là est la pierre d'achoppement, la Revendication actuelle.

Car *Richesse* et *Pouvoir* sont corrélatifs dans l'ordre économique et dans l'ordre politique ; et le *Droit collectif au fonds commun* est identique au *Droit collectif à la souveraineté nationale.*

Il faut donc reconnaître que deux ordres

d'idées conduisent à la Liberté, qui n'est autre que la Justice sociale ; car toutes deux représentent la libre expansion de l'indépendance individuelle qui n'a pour limite que le respect du Droit équivalent chez autrui :

— *La Liberté dans la Gérance des intérêts généraux.*

— *La liberté ou la Justice dans les intérêts eux-mêmes.*

III

La *Politique*, qui représente la première de ces Libertés, a dû, pour se formuler selon l'esprit moderne, c'est-à-dire pour revendiquer le *Droit* ou la *Loi de Justice* dans l'État, être élucubrée par maints travailleurs de l'Esprit, depuis Rousseau jusqu'à nous.

La constitution des intérêts et des rapporte sociaux, selon la même Loi de Justice, doit être à son tour élaborée, analysée, synthétisée, pour mettre en lumière la véritable formule de la Conscience publique et de la Raison.

— C'est là le rôle du Socialisme !

On lui jette la pierre !... C'est l'usage pour toutes les idées qui ne sont point encore passées dans le domaine de la réalisation ; ou qui, au milieu des faits multiples et complexes, n'ont pas encore trouvé leur formule simple et pratique.

Pour nous, soyons plus sages, après avoir constaté le but; et, loin de jeter notre pierre à la tête des hommes qu'agite l'esprit du juste, apportons-la plutôt à la construction de l'Edifice commun.

IV

— TOUS LES HOMMES SONT ÉGAUX!

Tel est l'axiome de justice qui doit dorénavant servir de boussole à l'humanité, dans la *Politique* comme dans l'*Economie sociale*.

En politique, il se traduit par l'ÉGALITÉ CIVILE, qui a pour conséquences le *Suffrage universel* et la *Gérance perpétuellement amovible*, sans quoi on constitue le Privilége en face du Droit, le Hasard ou la Convenance momentanée en lieu et place de la Raison.

En Économie sociale, les résultats ne sont pas moins féconds : C'est la complète égalité des droits et des devoirs, des charges et des avantages. C'est par conséquent l'Égalité du droit de vivre et de prospérer : c'est-à-dire la libre disposition du Capital social, du *Fonds commun*, sans autre règle que le principe de l'Équitable répartition : A CHACUN SELON SES ŒUVRES.

La revendication de cette égalité sociale n'est pas nouvelle : elle remonte à la première protestation contre le despotisme, contre l'exploitation, et se poursuit, d'âge en âge, de progrès en progrès, à mesure que le sentiment de la Justice se développe ; par la lutte de l'indépendance individuelle contre l'oppression, par l'abolition progressive de la servitude sous quelque forme qu'elle se présente : *Esclavage, Servage*.... PROLÉTARIAT ! — Elle ne peut avoir de terme qu'à la conquête pleine et entière du Droit. — Nous en sommes loin !

Comme la Politique, comme toute connaissance humaine, le *Socialisme*, c'est-à-dire la connaissance exacte des bases sociales, suit peu à peu sa voie de développement et s'élucide chaque jour ; souvent même il éclaire ceux qui le nient et qui affectent de ne le considérer que dans ses recherches encore indécises.

Pour lui, le but à atteindre, c'est la JUSTICE dans les rapports sociaux !

Cette justice est-elle compatible avec la forme sociale actuelle, où les uns naissent avec toute liberté d'action, où les autres sont voués à l'ignorance, à la pénurie, et peuvent à peine, à force d'efforts et de privations, préparer l'émancipation de leurs arrière-petits-fils ?

En un mot, la *Justice* est-elle compatible avec

un ordre de choses qui a pour base la richesse individuelle, et dans lequel chaque individu compte plus par les intérêts qu'il représente que par sa valeur personnelle ?

Tous nous sentons, à chaque heure, la fausseté de ce point de départ. Il faut donc le bien constater, afin que notre siècle qui en souffre et qui, chaque jour, s'insurge contre ses conséquences, sache où gît le mal et y porte remède.

V

Le Christianisme qui ne fut, à son origine, que la revendication des intérêts lésés contre l'ordre social antique ; le Christianisme, dis-je, limité dans son action par la pression des intérêts établis, ne put s'appuyer que sur la liberté intérieure de l'homme, seule possible alors, et fonda sa doctrine sur trois mobiles de l'âme qui échappent à toute tyrannie : la Foi, l'Espérance et la Charité !

— La Foi et l'Espérance qui font entrevoir la *Réparation*.

— La Charité qui soutient le faible sous le poids de l'iniquité.

La Réparation suprême, la Justice, fut ajournée à une vie postérieure.

— *Beati pauperes ! quia regnum Dei videbunt !*

— *Bienheureux les pauvres, les ignorants, les deshérités! car le royaume des cieux sera leur partage!*

C'était bien là la revendication de l'Égalité sociale, en germe; la compensation des peines et des avantages; mais dans un autre monde et sans réalisation pratique encore sur cette terre.

Depuis ce temps, sous le souffle des idées qui s'élaborent et se généralisent, l'Esprit de Justice descend peu à peu des hauteurs de la conception abstraite, du ciel sur la terre, et se précise dans les intérêts humains.

Le VERBE *se fait homme!!!...* Il est lui-même son propre MESSIE.

De siècle en siècle, les iniquités du passé tombent l'une sur l'autre. *Le règne de la Justice arrive!...* Nous en voyons l'aurore!

Le SOCIALISME en recherche la voie et les moyens.

Il est le signe des temps!

VI

Il se demande:

— Qu'est-ce que la LIBERTÉ, la JUSTICE pour l'homme?

C'est la libre expansion de ses aptitudes, de ses besoins, de ses désirs! — C'est-à-dire, la libre action de ses forces, de ses facultés, sur la nature qu'il asservit à son usage.

Comme être isolé, son action est restreinte ; partant sa puissance, sa liberté sont nulles.

Comme être social, c'est-à-dire uni à ses semblables, sa force *Collective* est illimitée : il est le maître du monde.

La COLLECTIVITÉ est donc sa formule, sa puissance, sa *Liberté*. Demander cette dernière à l'*individualisme*, en d'autres termes, à l'action isolée, est donc une erreur économique, une véritable utopie : c'est demander la force à la faiblesse, la justice à l'égoïsme !

Toute société, en effet, est une *Collectivité*, ou réunion d'individus unis pour les besoins communs, dont tout le progrès consiste dans la convergence des forces, des tendances, vers le but commun : *La Justice et la prospérité générale.*

La raison du siècle s'en rend si bien compte que c'est à la Collectivité qu'elle demande sa puissance d'action, le développement intellectuel, la richesse, la *Liberté.*

C'est ainsi que nous avons :

— La *Collectivité du Capital,* dans la société industrielle.

— La *Collectivité du Travail,* dans la manu facture.

— La *Collectivité intellectuelle*, dans la Presse et les Assemblées.

— La *Collectivité politique*, dans l'unité nationale et le suffrage universel.

Mais ce qui nous manque encore, c'est la *puissance pivotale*, la convergence de tous ces intérêts, leur lien commun, leur essor collectif ! — Autrement dit, LA JUSTICE, ou l'intérêt égal et direct de tous à l'intérêt général.

Car tous nos mouvements sociaux sont encore régis par la Loi individuelle, et nous marchons en collectivité, en société, comme le troupeau sous le fouet du maître, sans entente, sans ensemble, sans but commun. Tout à l'inverse, en antagonisme perpétuel : La ruine de l'un crée la prospérité de l'autre, et *vice versâ*.

— Tel est notre ordre économique !

Ce qu'il nous faut donc, c'est que, par une assise rationnelle des intérêts, chaque citoyen participe à tous les mouvements selon ses facultés, et y soit intéressé ; d'après le principe de l'*intérêt direct de tous* et suivant la *Loi de l'Equitable répartition*.

— Voilà l'Égalité sociale ! Voilà la puissance de la société dans l'avenir !

La Politique actuelle le comprend parfaitement, mais dans un sens négatif, par cette maxime : qu'*il faut intéresser le plus grand nombre à l'ordre public.* — C'est dans ce but qu'on a *démocratisé* l'emprunt, le passif social.

Démocratisons l'actif, bien plutôt : songeons-y tous intéressés, et concertons nos efforts, au lieu et place de l'incohérence présente dans l'emploi de nos forces.

— Voilà la collectivité réelle que préconisent, à notre temps, la *Coopération* et l'*Association*, transition pacifique du passé à l'avenir.

Ajoutons que la Collectivité partielle, c'est-à-dire sans la participation complète de tous les intérêts qui y sont en jeu, est un fléau au lieu d'un bienfait. Car, en transmettant sa puissance à un seul de ces intérêts, elle reconstitue l'inégalité sociale sur des bases nouvelles.

La Bourgeoisie actuelle, qui a fait le Code civil, s'est parfaitement rendu compte de cette puissance, en limitant le droit d'association pour tous les intérêts autres que les siens, c'est-à-dire les capitaux réalisés ; et elle nous a doté de la plus terrible des inégalités : *la Féodalité financière* d'une part, et de l'autre la *Démagogie industrielle.*

La réunion des capitaux individuels dans la société financière, en effet, en multipliant l'action au seul bénéfice des détenteurs du Capital, rend celui-ci d'autant plus maître de restreindre les conditions du Travail qui n'a plus qu'une ressource, *la Collectivité de la résistance.* Il l'a compris, à son tour, et dorénavant la lutte ne sera plus individuelle, mais de puissance à puissance ; si on n'y avise autrement que par des répressions qui n'atteindront jamais le mal dans sa racine.

Cette considération, signalée depuis longtemps, est bien de nature à justifier les appréhensions d'un grand nombre d'esprits, et motive suffisamment par elle seule la recherche d'un établissement plus sérieux des intérêts ; car elle nous donne pour toute perspective ou la guerre sociale en permanence, ou la servitude absolue du Travail et sa complète décrépitude morale.

VII.

Théoriquement, la science sociale est distincte de la Politique, en ce que celle-ci détermine les rapports des citoyens avec l'État, pour établir la plus grande somme de Liberté et le plus grand essor national ; tandis que la première étudie les rapports des individus entre eux et avec les intérêts, pour en formuler les lois, ainsi que pour marcher au but commun : Le meilleur emploi des forces et la justice pour tous.

Que selon les tendances, les uns apportent leur action à l'une ou à l'autre des deux branches, d'autres à toutes deux simultanément, c'est la marche de l'esprit humain.

Mais la *Démocratie*, en revendiquant le *Droit politique*, le gouvernement du Pays par le Pays ; autrement dit la *Gérance nationale*, ouvre la voie au *Socialisme ;* car elle prépare l'entente collective des intérêts et donne la Liberté d'action. Par contre, le socialisme constitue, fonde, la Démocratie dans les mœurs, dans la vie pratique : par l'indépendance, la dignité, la Liberté de l'individu.

L'une et l'autre sont donc indispensables et corrélatifs.

Est-ce à dire qu'il faille entendre par ce mot socialisme tous les instincts, toutes les aspirations, toutes les idées vagues de revendication ; les impatiences, les aveuglements, les convoitises, les appétits immodérés ; les déclamations, les vociférations, les exaspérations ; les colères, les haines, les violences, trop souvent motivées, trop souvent exploitées, dans notre état social où la détresse coudoie la pléthore, le lucre facile la pénurie du Travail ?

— Non, mille fois non !

Ce sont là seulement les indications du mal ;

c'est le cri de la souffrance qui monte, qui monte, parce que l'idée de justice se développe et rend l'injustice plus criante dans notre société en mal d'enfant.

Le *Socialisme*, l'*Économie sociale*, la *Science sociale*, trois termes synonymes, sont la détermination des bases fondamentales de la société humaine, et la recherche de leurs conséquences logiques, nettes et précises; mais sans atermoiements, sans biais, sans défaillances.

VIII

Donc, rechercher les principes de cette science, préparer la transition pacifique de l'ordre actuel à l'ordre rationnel, est alors un but louable d'utilité publique.

J'en tente l'aventure, en prenant pour guide votre propre exemple, *Très-Honorable Citoyen*, qui avez consacré votre vie entière et toute l'énergie de votre caractère à la défense des *Principes Démocratiques*.

Paris, 1er août 1870.

CHAPITRE II.

La Production et la Répartition.

I.

Prenons l'*Economie sociale* par la base, afin de déterminer des principes précis.

L'homme apporte avec lui, en naissant, le DROIT DE VIVRE. Nul de ses semblables ne lui a donné l'être ; nul ne peut le lui ravir, ni lui en entraver l'exercice.

Il a droit de vivre : c'est-à-dire, le droit d'agir et de sustenter son existence, non pas seulement en cherchant sa pâture comme les simples animaux ; mais en assimilant, par son travail, par son industrie, la nature entière à ses besoins. Il est doué, à cet effet, de facultés physiques et intellectuelles, dont l'exercice même est pour lui un besoin, sous peine d'étiolement.

Ce *Droit,* commun à tous, et *qui n'a pour limite que le droit équivalent du semblable*, est le point de départ de l'*Egalité sociale.*

Comme l'homme ne vit point seul, mais en société, et qu'alors son action se combine forcément en toutes choses et en toutes circon stances avec celle de ses semblables, il résulte de cette activité commune, un premier fait économique, LA PRODUCTION ; c'est-à-dire, l'ensemble des choses produites par tous les membres de la société pour les besoins de tous. Premier fait nécessairement suivi d'un second, LA RÉPARTITION, ou la part afférente à chacun, suivant sa coopération ou suivant, comme actuellement, des conditions conventionnelles.

Le sentiment moral qui dirige l'humanité, dit à l'individu : « *Produis pour toi et pour tous !* » Il dit à tous : « *Répartissez selon la justice !* »

Il n'en faut pour preuve que la satisfaction morale que nous éprouvons tous à une œuvre accomplie, et le sentiment de répulsion que nous ressentons à une iniquité commise envers nous ou envers autrui.

Examinons ces deux faits, la *Production* et la *Répartition* ; ainsi que le rôle que la justice joue ou doit jouer entre eux.

II.

La *Production*, dans sa définition générale, est le résultat de la mise en œuvre ou de la transformation d'une matière brute ou déjà ouvrée pour en obtenir un nouveau produit de consommation.

Elle suppose donc une matière première quelle qu'elle soit : substance naturelle ou ayant déjà subi une préparation ; terre vierge ou précédemment cultivée ; de plus, des moyens d'action, matière première déjà transformée par l'intelligence de l'homme, et propre à utiliser ou à multiplier ses forces : outils, machines, établissement.

Matière première et instruments sont le fonds initial qui, représenté par eux-mêmes ou par leur valeur, constitue le premier élément de la Production, le CAPITAL.

La mise en œuvre suppose à son tour :

— L'INTELLIGENCE qui conçoit la transformation à opérer et les moyens à employer ; qui dirige, qui gère.

— Le TRAVAIL qui opère.

La PRODUCTION comporte donc trois éléments : le *Capital*, l'*Intelligence* et le *Travail ;* soumis, dans l'ordre actuel, à des conditions variées.

Tous trois peuvent, en effet, être réunis entre les mêmes mains, ou deux seulement, ou tous trois isolés entre des détenteurs différents.

Par exemple :

L'artisan qui possède son outillage, la matière première ou sa valeur, représentant par lui-même l'*Intelligence* et le *Travail*, réunit les trois éléments.

Le Patron ou Propriétaire, qui possède le *Capital,* qui dirige et gère, représente deux éléments.

Dans la Société Industrielle, enfin, les trois éléments; *Capital*, *Intelligence*, *Travail:* sont isolés, c'est-à-dire fournis par des individus différents, les commanditaires, les gérants et les ouvriers.

Ces trois formes de la Production ont chacune leur valeur économique. Mais observons, d'abord, que l'élément *Capital*, base de toute production, est inerte de sa nature, qu'il n'y prend point part active; que, de plus, il est en dehors de l'homme, qu'il ne lui appartient pas en propre; car l'homme n'apporte avec lui en naissant que l'*Intelligence* et le *Travail*. D'où il résulte que ces deux facultés actives représentant à elles seules le *Droit de vivre*, puisqu'elles sont les agents de Production propres à l'homme, leur exercice nécessite la libre disposition du Capital, propriété donnée à tous par la nature et qui ne peut être qu'*Elément commun*. Car, du moment où il est détenu par un ou par plusieurs, la Production est soumise à la volonté du détenteur, et les deux éléments actifs, l'Intelligence et le Travail, ne peuvent entrer en fonction que sous le bon plaisir de celui-ci, qui détient par le fait le *Droit de vivre*.

C'est ce que nous voyons chaque jour dans

notre Ordre économique : Ou Capital qui dort, une terre en friche, et tout près de là, des gens qui manquent des moyens d'appliquer leur activité.

Celui-là serait un fameux tyran qui séquestrerait les rayons du soleil à son seul profit ;—*sol lucet omnibus!* Le soleil luit pour tous. — Et cependant on peut dire que la chose eût été faite sous le régime de l'égoïsme, si elle avait été possible ; car la séquestration de la matière première, de la nature, du Fonds Commun, nécessaire et indispensable à l'existence de tous, n'est pas plus logique. Mais ce qui dépasse l'imagination, c'est qu'un homme ait pu dire : « cet homme, ce peuple est à moi ; ce pays, la France, C'EST MOI !!!...

Sans doute, le *Capital* est aujourd'hui disséminé dans une foule de mains ; il est devenu plus accessible à tous, et la constitution civile tend même à le diviser à l'infini. Mais, lors même que ce dernier résultat serait obtenu ; plus encore, qu'un partage perpétuellement égal en serait fait, *si l'hypothèse était réalisable*, cet état de choses ne constituerait pas encore le droit de tous, parce que si le voisin détient la part à laquelle je pourrais plus spécialement appliquer mes aptitudes pour le meilleur développement de ma production, je serai obligé de subir ses conditions ou de me croiser les bras ; qu'en second lieu, comme il sera dit plus au long, de cette division même naît l'impuissance d'action , la faiblesse des résultats obtenus , la misère publique par conséquent ; et, en définitive, la nécessité de grouper le Capital, pour l'unité d'action et la convergence des efforts individuels.

— Que dirait-on de nos jours , avec les habitudes collectives qui se sont développées dans maintes directions, d'un état économique dans lequel chaque intéressé serait obliger de transporter lui-même ses colis, de Paris à Marseille, par exemple ?

Le chemin de fer est, dans ce cas, l'unité d'action, l'entente collective du Transport.

Fondons de même l'entente collective de la Production : non plus au bénéfice d'un seul élément, le *Capital ;* mais bien des trois éléments qui la constituent.

— Là est la Raison !

III

Si, maintenant, nous passons en revue les différentes formes actuelles de la mise en action des trois éléments, il nous sera facile de voir qu'isolés les uns des autres dans la *Société industrielle*, ils n'ont aucun lieu, aucun essor commun ; tout au contraire, qu'ils sont en perpétuel antagonisme d'intérêt : le *Capital* pressure, le *Travail* regimbe, l'*Intelligence* fait plus ou moins bien son métier, et du reste ne représente jamais l'ensemble des lumières de tous. La seule valeur économique de cette forme, c'est la puissance d'action que lui donne la *Collectivité des Capitaux*, la *Collectivité matérielle des efforts*, et un germe de *Collectivité intellectuelle* dans la part que prennent les Associés Capitalistes à la gestion générale.

A l'inverse, dans le premier exemple de l'artisan isolé, nous trouvons bien les trois éléments réunis entre les mêmes mains et dans un but unique, la prospérité de l'entreprise ; mais avec une force d'action purement individuelle et par conséquent très-limitée.

L'une et l'autre laissent donc considérablement à désirer ; mais, au point de vue de l'indépendance personnelle, le dernier mode est de beaucoup préférable en ce qu'il donne tout essor, toute satisfaction, aux deux éléments actifs et les préserve de la prédominance et de l'exploitation de l'élément neutre. La généralité des artisans ne s'y trompe pas, et le rêve de chacun d'eux est de travailler pour son propre compte. Seulement, cette aspiration, cette impatience instinctive du joug de *l'élément Capital*, ne pourrait avoir de solution pour tous, qu'avec la libre disposition du *Fonds commun ;* car, du moment où celui-ci serait absorbé par un plus ou moins grand nombre, tous ne pourraient y prétendre, et il y aurait encore *Privilége.*

Elle n'est encore réalisable qu'à la condition de la *Collectivité générale* de toutes les industries en un seul et même groupe : seule forme qui puisse donner entière satisfaction à toutes les aptitudes. En effet, de par la nature, les aptitudes varient d'individu à individu et rarement elles sont uniques chez un seul : il importe donc pour l'utilisation de toutes les forces, que sur un même point elles puissent toutes se produire simultanément.

Que par le fait de l'ignorance des véritables rapports sociaux, et de l'absence de toute organisation sérieuse qui ne pouvait être que le résultat d'une longue expérimentation et d'un développement intellectuel suffisant pour saisir l'ensemble des ressorts généraux, la Société ait vu séquestrer par quelques-uns le CAPITAL SOCIAL, dans l'*Ordre Economique ;* de même que la SOUVERAINETÉ, dans l'*Ordre Politique :* on ne peut tout au plus en conclure que ce mode de gestion a été nécessaire en premier lieu, pour la mise en valeur du *Fonds commun* par la seule force virtuelle en action, le *mobile de l'intérêt individuel;* alors que, par l'état d'incohérence morale et matérielle de la société, l'*Intérêt Collectif* ne pouvait être constitué. Mais il ne saurait en résulter l'annihilation du Droit Primordial ; car il n'y a pas de *Droit contre le Droit;* pas plus que l'inanité de toute organisation dans ce sens nouveau de la *Collectivité*, aujourd'hui que les conditions sociales sont toutes différentes et que le développement des relations, la diffusion des lumières, permettent l'entente générale.

On a dit longtemps que cette entente, en d'autres termes que le Gouvernement Républicain qui en est l'expression , n'était possible que dans les Etats de peu d'étendue. — On se trompait simplement d'époque. En terme absolu, la facilité et la promptitude des communications abrégeant les distances, il en résulte mathématiquement que les plus grands Etats modernes sont plus instantanément instruits de toutes les questions d'intérêt public, que les plus petites contrées de l'antiquité. A ce point, qu'à l'heure présente, les départements les plus éloignés du centre de la France, voire même les colonies, sont plus vite renseignés sur les intérêts généraux et privés, que ne l'étaient, il y a seulement deux cents ans, les Provinces limitrophes de la Capitale.

IV

C'est ainsi que se précise la Revendication du

Droit en *Économie sociale,* de même que dans la Politique. Le FONDS COMMUN est l'équivalent de la SOUVERAINETÉ NATIONALE : ce sont les deux bases de Justice et les deux termes du problème de l'Organisation de la *Société moderne.*

Il est même étrange que le fait de la *Production,* représentant un intérêt de premier ordre dans la société, ait été jusqu'ici abandonné aux hasards, aux caprices, à la faiblesse de l'initiative individuelle, et ne soit pas encore régi par le concours de tous, puisque tous y apportent leur contingent d'efforts et que tous y sont directement intéressés. Il ne peut en résulter qu'une anarchie constante et désastreuse pour l'intérêt public : Aussi voyons-nous, tour à tour, la *Disette ou l'Encombrement,* la *Hausse ou la Dépréciation factices;* la *Concurrence et la Spéculation aveugles, effrénées, malsaines au moral comme au physique;* l'*Exploitation ou la Grève;* en un mot des crises périodiques qui compromettent les intérêts généraux et privés, qui paralysent les efforts, et qui sont aussi néfastes, dans l'histoire des nations, que les crises politiques qu'elles précèdent ou accompagnent, pour la plus grande déconsidération des gouvernants qui n'en peuvent mais!

S'il est une excuse à un ordre économique

aussi antirationnel, c'est que la constitution des intérêts sur leur véritable base exigeait, comme point de départ de l'intérêt général, la récupération de la GESTION PUBLIQUE ou de la *Souveraineté;* elle-même détenue jusqu'ici par l'Individualisme qui s'était constitué en *Droit!...* EN DROIT DIVIN MÊME!!!..... cherchant ainsi une sanction illusoire dans la notion vague et confuse d'une cause première omnipotente, providentielle. Aveu bien explicite du peu de raison d'être d'une semblable prétention!

Mais le comble de l'incurie serait, aujourd'hui que la possibilité en est acquise, de ne pas se préoccuper d'un aussi grave intérêt, et de n'en pas rechercher les lois, l'organisation!

V

Pour se rendre compte de l'état actuel des esprits relativement à cette question, il n'est pas hors de propos de rappeler les propres paroles que prononçait, en 1867, M. Duruy, alors ministre de l'Instruction publique, dans une solennité officielle. Elles sont caractéristiques!

— « *L'histoire du Travail*, disait-il, *est un* « *drame dont nous connaissons les trois premiers* « *actes : le Travail à coups d'étrivières de l'esclave* « *antique; le Travail forcé du serf au Moyen Age;*

« *le Travail salarié des temps modernes. Devons-*
« *nous en attendre un quatrième, le Travail libre-*
« *ment associé au Capital et l'harmonie établie*
« *entre les trois agents de la Production : l'Intel-*
« *ligence, le Capital, le Salaire, enfin associés ou*
« *confondus sous les mille formes que cette asso-*
« *ciation peut recevoir de la libre et loyale adhé-*
« *sion des contractants? C'est le secret de l'ave-*
« *nir!* » (1)

Comme on le voit, la question est en suspens dans les esprits les plus calmes et les plus réfléchis, et il ne faut pas être surpris de la voir s'agiter, à plus forte raison, chez ceux dont les intérêts sont en souffrance par le fait d'une organisation vicieuse, puisqu'elle ne donne pas satisfaction à tous. Il est donc sage de scruter de sang-froid cet avenir et de dégager les termes du problème.

VI

Des considérations qui viennent d'être émises au commencement de ce chapitre, il ressort :

— Que tous les hommes ayant le *Droit de vivre* en assimilant par leurs facultés la nature, le *Capital collectif*, à leurs besoins; ce *Capital* ne

(1) Discours prononcé le 23 juin 1867 à la distribution des prix de la Société lyonnaise pour l'enseignement professionnel.

peut être que propriété publique ou *Fonds commun.*

— Que les deux autres éléments de la Production, l'*Intelligence et le Travail*, ne pouvant entrer en action sans ce Capital, sont directement intéressés à sa gestion.

— Qu'eux-mêmes ne trouvent leur libre développement que dans la *Collectivité* de tous les efforts individuels.

— Qu'enfin, la justice distributive : *A chacun selon ses œuvres :* veut que chaque élément ait dans la Production une part proportionnelle à son action.

Voyons ce qui se passe, dans notre Ordre économique, à ces divers points de vue.

La RÉPARTITION a lieu pour les trois éléments sous les désignations : APPOINTEMENT, SALAIRE, INTÉRÊT.

— L'*Appointement* est un prix convenu pour un laps de temps donné à un labeur intellectuel.

— Le *Salaire*, le prix convenu pour un labeur matériel.

— L'*Intérêt*, le loyer convenu du capital.

— Si la Production s'arrêtait juste à l'ensemble de ces trois rémunérations, fixées à l'avance, il ne s'agirait, pour être dans le vrai, qu'à constater le réel rapport de chacun des éléments avec le résultat obtenu, et à les constituer sur cette base.

Mais la Production peut être au-dessous ou au-dessus de cette répartition.

Si la Production reste au-dessous, qui supportera le déficit ? — Dans une association réelle ce serait la caisse sociale, c'est-à-dire les trois éléments réunis. Mais dans l'état actuel ce ne peut être évidemment que la seule valeur réalisée ou escomptable, le *Capital.*

Se prévalant de ce précédent, le Capital dit alors, si la Production dépasse la rémunération : « *J'aurais payé le déficit, donc le bénéfice doit m'appartenir en bonne compensation : je suis, partant, seul responsable et intéressé !* » — Et comme le bénéfice est le fait général, autrement on ne tenterait aucune entreprise ; que le Capital en prend soin en réduisant l'appointement et le salaire au plus stricte prix de revient, lui seul prospère.

Mais ! Est-ce que le Travail et l'Intelligence n'ont pas, eux aussi, leurs risques et périls ? — Le chômage, les accidents, la maladie ! — Et quelle est leur compensation ? La *Misère !*

Ils donnent une part de la vie de ceux qui les mettent en œuvre : le Capital ne donne qu'une chose, qu'une valeur.

Assurément, il n'y a là aucune pensée d'équitable répartition, suivant la coopération fournie ; mais simplement une répartition conventionnelle, octroyée par l'élément dominant. C'est la part du lion : la plus belle possible !

L'Appointement et le Salaire ne sont que des lopins jetés à l'avance, sans aucun rapport avec la Production et relativement à leur action.

Le *Capital* est seul intéressé, contrairement au véritable principe économique de l'*Intérêt direct de tous*, le plus grand mobile de l'activité sociale.

Dans cette condition, et distribuant à qui bon lui semble l'appointement et le salaire, il prédomine l'Intelligence et le Travail. — INÉGALITÉ SOCIALE !

Par la Loi de l'intérêt in viduel : *Primo mihi*, il est conduit à pressurer les deux éléments actifs, pour avoir le plus grand bénéfice. — EXPLOITATION !

Il y trouve d'autant plus de facilité que, représentant la matière première et l'instrument, aucun travail ne peut se passer de son concours, et que la matière première et l'instrument étant échangeables sur-le-champ, surtout représentés par leur valeur monétaire, permettent à leur possesseur de vivre, en attendant leur emploi, tandis que le travail, seulement réalisable dans l'avenir, n'a pas cours sur la place et vit au jour le jour, à la merci de celui qui le paie.

Il n'y a, certes, pas lieu de s'étonner que cet état de choses engendre la guerre entre le Travail et le Capital, entre le *Riche et le Pauvre*, comme on dit dans le langage de chaque jour. — Et cependant, voilà trois valeurs qui concourent à la Production : Pourquoi cette inégalité de rémunération ?

— On dit, en se payant trop facilement de mots : Il y aura toujours des Riches et des Pauvres ! — Sans aucun doute ; il ne saurait en être autrement dans l'ordre actuel. Mais, bon gré mal gré, la conscience s'insurge contre cette conclusion, et au nom de l'Égalité sociale, elle dit à son tour qu'il ne doit y avoir que des hommes plus ou moins bien doués, plus ou moins actifs. — Et encore, la *Solidarité humaine*, ce que nous appelons la *Charité* aujourd'hui, libre dans son essor par la sécurité de l'existence pour tous, aura-t-elle toute latitude de pourvoir au sort des faibles et des chétifs.

L'Association, la Coopération, sont à notre temps la transition du présent à l'avenir, la réaction pacifique du Travail contre la suprématie qui le domine et l'exploite. — Elles ont pour objet de créer par l'épargne le Capital qui se fait si cher payer; mais surtout d'établir le principe de l'*Intérêt direct de tous* et de fonder l'*Équitable Répartition*.

VII

— Telle est la situation!

Si, par le fait des idées reçues, on mettait en doute cette analyse, l'Histoire, comme l'a dit M. Duruy, nous montre en action le rôle du *Capital*.

— Dans l'antiquité et jusqu'à nos jours, tant qu'il a pu, il a fait du Travail..... l'Esclavage!

L'Esclave n'avait ni feu, ni lieu, ni sa personne, ni sa famille. Il était la chose, la propriété du Capital.

Comme répartition on lui jetait une maigre pâture.

La *Guerre servile*, chez les Romains, fut la première réaction contre cette iniquité.

— Au moyen âge, le Travail était le Servage!

Le serf possédait sa personne, sa famille, sa cabane et la part des biens produits par lui que lui laissaient les corvées et les tailles, mais il *appartenait au domaine* sur lequel il était né et n'en pouvait sortir.

Frappante analogie avec les tentatives de notre temps, il racheta par l'épargne son indépendance personnelle : Telle est l'origine de l'*Affranchissement des Communes* que 89 vint compléter par l'*Égalité civile.*

— Aujourd'hui, la Répartition pour le Travail est le *Salaire..*

Le Travailleur possède, sous le *Droit commun*, son indépendance personnelle ; mais sous la Loi de gagner chaque jour son pain aux conditions qui lui sont faites par le Capital. S'il refuse, à ses risques et périls, un prix trop modique pour subvenir à ses besoins, ou qu'il trouve, dans sa dignité d'homme, trop peu en rapport avec son action dans la Production, c'est la *Grève !* Mot sinistre, équivalent de misère et de ruine ; seul recours, cependant, du *Travail* contre le *Capital.*

Car le Salaire n'a aucune base. Il peut être trop fort et absorber la totalité de la Production. Il peut être trop faible et n'en représenter qu'une part infime ; et alors rendre la position du salarié plus triste et plus précaire que celle de l'esclave.

L'Esclave n'avait pas de famille. Le Prolétaire doit nourrir et élever la sienne.

On a dit jusqu'ici : *Le Salaire, c'est un marché, un contrat!* — Un contrat où l'un des contractants n'est pas libre. Un faux calcul économique dans lequel les deux parties sont dupées tour à tour au détriment de la Production générale. L'une pressure, l'autre ne donne de sa peine que le moins possible. — La règle de tout contrat, c'est la conscience? Et ici, elle est perpétuellement mise en opposition avec l'intérêt personnel. La règle avenir doit rassembler ces deux mobiles et baser le règne de la conscience sur l'intérêt direct de tous. Alors la morale sera facile!

— En fin de compte, le salaire et l'appointement ne sont ni la *Répartition*, ni la *Justice!*

VIII

Ainsi, l'Histoire nous montre, à son tour, que le rôle du *Capital* a été jusqu'ici l'*Exploitation!* — Il doit donc se défier de lui-même dans ce siècle qui a fondé l'*Égalité civile*, dont la conséquence doit être l'*Égalité sociale;* c'est-à-dire l'Équitable Répartition des droits et des devoirs, du travail et du loisir.

Cette exploitation suit, il faut le reconnaître, une marche décroissante, au fur et à mesure que l'idée de Justice se développe dans l'humanité; que l'Intelligence générale, en s'élargissant, élève le niveau moral et enfante de nouvelles sources de richesse, ainsi que des moyens de l'obtenir moins pénibles et moins rudes. — Car, contrairement à toute idée de Justice, l'infériorité du Travail croît en raison des difficultés et de la peine que donne le labeur. Parce qu'alors il engendre l'infériorité morale, en rabaissant l'homme au rôle de la bête de somme : — Preuve directe que le labeur matériel, contraint et rebutant, n'est point le fait de l'homme, être intelligent et doué de raison. — C'est donc à la science à seconder le Progrès ; et elle ne manquera pas à cette tâche, dès que la carrière lui sera pleinement ouverte.

Loin donc de revenir en arrière, c'est devant soi qu'il faut regarder ; et l'analyse nous a donné le phare de l'avenir : *La Justice dans la Répartition!*

Quelle en est l'application immédiate?

—Part dans les bénéfices pour l'*Intelligence* et le *Travail.*

Le fait existe exceptionnellement; il ne s'agit que de le régulariser. Et voilà ce qu'il faut poser comme la Loi, plutôt que demander l'augmentation du salaire et de l'appointement qui seront toujours à débattre.

Voilà ce qu'il faut développer par la *Coopération,* toutes les fois qu'un minime Capital initial sera seulement nécessaire.

Quels en seront les résultats? — L'essor de la Production par la convergence des intérêts et des efforts; la stabilité du Travail, par l'attrait du bénéfice qui lui donnera la perspective du bien-être; plus de sécurité pour le Capital lui-même.

— Le second pas, dans cette voie de Justice, sera la participation des trois éléments à la Gestion; car tous trois ont également droit à la connaissance de leurs intérêts.

Mais ici le Capital, habitué à être le maître, va se récrier et invoquer le secret de la Loi commerciale. La loi du Commerce est l'Échange qui doit se faire au grand jour. Le secret n'est que la loi de la spéculation qui exploite alternativement les uns et les autres, au détriment de tous. Et il n'y a, sous cette objection, que l'esprit de routine qui aime mieux négliger l'emploi de toutes les forces, que de les appliquer d'une manière nouvelle et logique; car il n'y a pas de jour où le Patron le plus intelligent ne reçoive d'utiles indications du plus humble de ses ouvriers.

Les Associations de Consommation sont le point de départ de cette transformation salutaire.

Résultats : Meilleur emploi des forces par les conseils des éléments les plus actifs : Élévation morale du Travail qui ne sera plus un instrument passif de l'entreprise, mais un agent participant.

— Troisième phase de cette progression ascendante : Détermination par l'expérience des véritables rapports des trois éléments de la Production.

Résultat final : L'union et la concorde des trois éléments sous la loi de Justice, et convergence de toutes les forces vers un même but, la richesse publique.

Telle paraîtrait devoir être la transition générale et pacifique de l'état incohérent dans lequel nous vivons, à l'application pleine et entière des principes de la conscience et de la raison dans l'organisation sociale. Mais, avant que la raison d'être de ce mouvement ne se soit imposée à la généralité des esprits, et grâce aux résistances traditionnelles du Capital, habitué à considérer sa prédominance comme un droit acquis; un long temps s'écoulerait, et peut-être bien attendrait-on que, le mal s'aggravant, un cataclysme social vînt imposer la nécessité de cette transformation : Et alors il est urgent d'aviser à mettre en action un levier plus actif. Ce levier, c'est l'intérêt même des lésés, des intéressés; c'est, d'après la maxime : *L'union fait la force !* l'union, l'association des travailleurs et des hommes imbus des principes de Justice.

Étudions cette voie dans le Travail de la Terre comme dans celui de l'Industrie.

CHAPITRE III.

La Collectivité agricole.

I

L'esprit du siècle se rend si bien compte de la faiblesse de l'action individuelle, qu'on se demande déjà *si la division illimitée de la terre ou de la propriété foncière* est la forme définitive de l'exploitation du sol et présente tous les avantages qu'on s'était plu à en attendre. — Et le doute commence !

Avant d'examiner cette question, posons une considération préalable, déjà entrevue dans ce qui précède.

La valeur économique du sol, c'est la Production. C'est-à-dire, que le sol est destiné à pourvoir à la subsistance de l'humanité, et que la propriété foncière, *grande ou petite, féodale ou libre, individuelle ou collective*, n'est qu'un MODE D'EXPLOITATION, variable suivant les temps, les lieux, les circonstances, et qui ne saurait constituer un principe social.

Que la société vive et vive bien! — Là est le but.

Du moment où le mode employé n'utilise pas toutes les forces possibles et ne produit pas tout ce qu'on est en droit de désirer, c'est qu'il est défectueux et doit être modifié. S'il ne l'est pas pour la raison, il le sera tôt ou tard par la force des choses, la logique des intérêts : Et un côté sérieux de l'Économie sociale est d'étudier, de constater sa valeur et ses tendances ; afin de déterminer la direction où doivent tendre les modifications pour éviter les fausses marches ou les tiraillements et les secousses d'une transformation trop subite.

II

L'esprit dégagé, une bonne fois, de l'idée préconçue de la nécessité de la propriété individuelle peut, en toute liberté, apprécier le mode actuel de la propriété divisée à l'infini, sans autre règle que le caprice des individus et des circonstances.

— Qu'a-t-il produit de bon?

Il a mis immédiatement en action, et dans toute leur puissance, les deux mobiles individuels : *l'Intérêt* et *l'Amour propre*, en lieu et place de l'incurie du grand propriétaire. C'est-à-dire qu'il étend à un très-grand nombre le principe de l'*Intérêt direct de tous*.

De là un grand développement du travail individuel : partant, de la Production, du bien-être général; et comme appoint, dans une société où l'homme n'a de valeur que par les intérêts qu'il représente, un notable accroissement de la dignité humaine.

— Quels sont ses vices?

La force et les moyens de l'homme isolé sont limités, et, malgré tous les efforts, on touche à la limite. De là le découragement! L'habitant des campagnes émigre vers les villes pour y chercher un travail plus rémunérateur et une vie moins étroite. Et tout le progrès individuel qu'on cherche à surexciter est illusoire; car il n'agit que dans une proportion infime; tandis qu'il y aurait un progrès général bien plus effectif, dans l'organisation d'ensemble du travail, dans l'utilisation de toutes les forces de la nature.

Le propriétaire ou locataire, en effet, est conduit à tirer de la portion du sol qui lui est dévolue, elle-même divisée en nombre de parcelles éparses, toute sa subsistance, tous les produits nécessaires à son exploitation. — De là des assolements étranges et contre nature. Là où l'herbe croîtrait en toute prospérité et sans frais, on sème des céréales ou toute autre plante utile à la ferme, sans tenir compte ni de la disposition du terrain, ni du rendement, si chétif parfois que le prix de revient s'élève bien au delà des prix du marché.

Ainsi vice capital : *Mauvais assolement forcé !*

Puis nous avons : le manque complet de puissance et d'économie d'action, d'économie de consommation, d'économie de gestion, dans cette multitude d'exploitations partielles : Mal auquel le petit agriculteur ne peut remédier que par un labeur forcé et continu ; la plus stricte économie domestique, la plus piètre existence qui étiole bêtes et gens. Car, malheur à l'agriculteur auquel le sort n'a pas departi une ménagère experte, ou qui oublie parfois lui-même la tempérance de l'anachorète : la misère et la ruine seront son partage !

Dans cette pénurie générale : pas d'améliorations du sol, pas de bestiaux, peu d'engrais, pas d'assainissements, pas d'irrigations, pas d'engins mécaniques. Tous ces derniers seraient sans emploi dans ce morcellement infini, au milieu de tous ces intérêts opposés.

— En regard de cette exploitation incohérente, je pourrais dire à l'état d'enfance, plaçons l'organisation d'ensemble.

Le terrain des vallées, par son humidité naturelle, par la facilité des irrigations, est spécialement favorable aux prairies.

Les plateaux qui s'égouttent facilement, aux céréales.

Consacrons donc la vallée aux herbages : que deux canaux latéraux longent les pentes et y dispensent, en temps voulu, l'eau du cours central pour irriguer les terres et prévenir les inondations.

Sur les plateaux, améliorons le sol, multiplions la force de l'homme par la force mécanique.

Sur les côteaux, plantons la vigne ; dans les terrains abruptes, les bois.

Organisons, enfin, la vie domestique collective. — Voilà le réel progrès !

III.

Dans l'état actuel, les *Rétrogrades* qui sentent aussi le mal, mais avec la mauvaise habitude de regarder en arrière, comme si l'humanité pouvait revenir sur ses pas, redemandent à grands cris la *Grande Propriété.*

— Reconstituer la grande propriété ! — Et comment, et pourquoi ?

Pourquoi substituer le *mobile* d'un seul à celui d'un grand nombre ? — Ne serait-ce pas annihiler une grande force d'action ? — Développons-la, au contraire, et proclamons, comme un principe acquis à la science :

— L'INTÉRÊT DIRECT DE TOUS !

Eh! quoi, vous redemandez la grande propriété individuelle! — Mais, voyez plutôt la loi économique du siècle! La grande industrie était toute à inventer pour répondre aux besoins du temps, et aujourd'hui elle a percé les Alpes et l'isthme de Suez; elle a mis l'ancien et le nouveau Monde en communication immédiate, en attendant d'autres merveilles.

— Sur quelle base a-t-elle opéré?

— Sur la *Collectivité du capital!*

Qu'y est devenue la propriété individuelle? — Elle s'est faite action; elle touche les dividendes, et généralement ne se plaint pas du sort.

COLLECTIVEZ LE SOL, et vous aurez la grande propriété comme elle n'a jamais existé ; c'est-à-dire, établie sur des bases rationnelles, et régie par l'intelligence, par l'intérêt direct de tous.

Le Travailleur isolé s'épuise en vains efforts ! — COLLECTIVEZ LE TRAVAIL !

Les Égyptiens ont eu le travail collectif par *la force;* et ils ont élevé les Pyramides et les Obélisques qui étonnent la science !

Le moyen âge l'a eu par *la Foi;* et il a produit les Basiliques qui étonnent l'imagination!

L'industrie moderne le possède par l'*argent*, et nous dit chaque jour sa puissance.

Ayons-le à notre tour, par l'*intérêt direct de tous* ; ajoutons-y la force mécanique, à elle seule toute une question, et voyons ce que la Production générale y gagnera.

— Organisation d'ensemble du sol et du travail pour le rendement le plus grand et le plus économique, par la combinaison de toutes les forces matérielles et intellectuelles.

— Emploi illimité des moyens mécaniques pour la multiplication des forces.

— Utilisation de toutes les activités, aujourd'hui sans emploi.

— Vaste économie de consommation et de gestion.

Et, par-dessus tout, harmonie et convergence entre les trois éléments de la Production !

IV

Est-ce à dire que les intérêts doivent ou peuvent se transformer du jour au lendemain, dans cette perspective ?

— Assurément, non !

L'inexpérience de cet ordre nouveau serait la source d'une foule d'erreurs, d'une foule de déceptions, que les esprits superficiels ne manqueraient pas de tourner en déconsidération de cette juste application de la raison dans les choses de ce monde : et d'autre part il faut bien se dire que l'esprit humain marche plus lentement dans ses perfectionnements.

A moins qu'une idée ait été longtemps comprimée par les circonstances politiques ou sociales, qui, à un jour donné, la font éclater comme une bombe; elle procède plus méthodiquement, en passant successivement d'un progrès à un autre. Mais il est utile de prévoir le but où elle tend, afin de marcher d'un pas plus ferme à sa rencontre.

Suivons la même voie pour établir la COLLECTIVITÉ, et prenons pour point de départ un fait en connu, simple et restreint pour éviter les mésaventures, par exemple : la *Société de secours mutuels*, qui n'est autre que la *Collectivité de l'Epargne*, et qui n'a pas encore donné grands fruits, précisément par son objet unique et trop restreint, *l'assistance* ; et apportons-lui l'élément nouveau, la COLLECTIVITÉ DU TRAVAIL.

Cette marche est d'autant plus sérieuse que les ouvriers de la terre, par leur isolement, la diversité, voire même l'antagonisme de leurs intérêts, sont peu préparés au travail d'ensemble et à l'intérêt collectif. — Quelques-uns les pressentent, les désirent; mais le plus grand nombre n'y a jamais songé, et la nécessité ou la raison peuvent seules les y conduire.

— La nécessité! Elle approche chaque jour : c'est le morcellement tellement indéfini du sol que la charrue ne pourra bientôt plus se retourner dans chaque parcelle, et qu'il faudra en revenir au mode primitif du labourage à main d'homme. — La Raison indique qu'il serait sage de ne pas attendre jusque-là!

—Sur quelle base apporterons-nous la Collectivité du Travail à la société de secours mutuels? — Il importe qu'elle soit simple et pratique, et qu'elle ne porte aucune atteinte aux besoins de chaque jour.

D'après l'expérience, la cotisation en argent, fût-elle la plus minime, est toujours difficile à percevoir : par la raison que demander de l'argent à ceux qui n'en ont pas est une mauvaise condition, et que des besoins toujours pressants sont peu habitués à calculer à longue échéance : *Vivre au jour le jour* est leur loi! — Demandez à chacun ce qu'il possède; au capitaliste, l'argent; à l'artisan, le travail; il ne le refuse jamais, et le refusera d'autant moins qu'il y sera convié par son intérêt direct.

— Ainsi donc, *Cotisation* ou *Souscription* de

travail ! — soit une ou plusieurs journées par an, au gré de chaque souscripteur ; et entreprise de *Culture collective*, basée sur la somme des souscriptions.

Supposons que ce premier essai porte sur la culture de la vigne : cette industrie si spéciale de notre pays, moins complexe et plus facile à grouper pour la *Collectivité*. Le sol sera loué aux conditions ordinaires, et l'ensemble des journées de travail réparti suivant les travaux, parfaitement déterminés, à exécuter. Qu'un nombre quelconque de vignerons s'associent et combinent la meilleure marche à suivre dans l'organisation et la conduite de la culture ; qu'à la récolte ils se partagent le prix de vente ; *et la première pierre de l'édifice* sera posée.

— En vérité, je vous le dis, Vignerons mes amis ! arrosez-la d'un vin généreux pour la faire prospérer!!!.... Car vous aurez fondé une œuvre d'avenir ; et il faut, dans ce premier essai, le concours de tous les généreux sentiments, l'entente cordiale, le dévouement à l'idée commune.

A la seconde année, doublez les souscriptions et par suite l'entreprise ; et successivement ainsi jusqu'à l'absorption de la totalité ou de la majeure partie du travail individuel : la COLLECTIVITÉ DU TRAVAIL sera fondée.

Chemin faisant, comme tout s'enchaîne dans les actions des hommes, vous serez conduits à la COLLECTIVITÉ INDUSTRIELLE ; car vous direz, tout d'abord : « Au lieu de vendre forcément nos produits bruts, transformons-les en produits de consommation; nous vendrons lorsque nous trouverons le meilleur placement et nous bénéficierons de la plus-value. Ayons donc une cave sociétaire et les meubles indispensables. »

Plus tard, par le développement de votre exploitation, au lieu de vous adresser au dehors pour vous procurer les fûts et autres ustensiles nécessaires, vous trouverez plus simple d'avoir au sein même de la société, un atelier dans lequel vous grouperez les aptitudes suivant leurs tendances spéciales; et ainsi successivement de tous vos besoins industriels et domestiques.

Mais, dès lors, se présentera le *Nœud-Gordien* de toutes les entreprises dans l'ordre actuel, le *Capital*. L'épargne, à la longue, pourrait le constituer en capitalisant une retenue annuelle au bénéfice de la caisse sociétaire. Mais ne serait-ce pas lasser inutilement la patience humaine; et l'épargne, là où le nécessaire n'est pas assuré, n'est-elle pas une ironie ? — Pourquoi ne pas appeler directement le capital et l'intéresser à l'entreprise? — Il ne s'agit pas ici, de milliards ou de millions; mais simplement d'une somme relativement restreinte pour préluder et fonder l'expérience. L'associé aisé, l'artisan, le rentier, convaincus de l'utilité et de la puissance d'action de la Collectivité, peuvent apporter une part de leurs économies, trop souvent aventurées au loin et sans aucun contrôle. Le propriétaire foncier lui-même se dira : « Cette société collective me donne plus de garantie que le vigneron isolé, que la maladie ou toute autre cause peuvent détourner de sa culture. Je puis me décharger de toute gestion, de tout soin, de tout souci. Ma propriété deviendra *actions*, et je toucherai ma quote-part des bénéfices comme le travailleur touchera la sienne, selon toute justice. »

A partir de ce moment, deux éléments entreront dans la Collectivité, le *Travail* et le *Capital*, et nécessiteront une fonction nouvelle, la *Gestion*, comprenant les services rendus, qui devra elle aussi prendre part à la Répartition ; car s'il est une logique dans la Production, c'est d'être répartie suivant la participation fournie par chacun. — Nous arrivons ainsi aux trois termes consacrés, comme élément de la Production et de la Répartition : *Capital*, *Intelligence*, *Travail*.

Cela posé, nous pouvons formuler le programme succinct d'une association agricole, dans ces diverses phases de développement.

V

— PREMIÈRE PHASE. *Culture de la vigne.*

— *Objet de l'Association.* — Culture sociétaire basée sur l'ensemble des souscriptions de travail des membres adhérents et de leur famille: Femmes, jeunes gens et enfants. Assistance mutuelle par le travail.

— *Mode d'action.* — Plan d'organisation du sol. Détermination des travaux et leur répartition entre les sociétaires, en tenant compte des aptitudes, des forces et de l'âge des participants. Division et alternance du travail. Entente commune pour le meilleur placement des produits.

— *Membres de l'Association.* — Vignerons et viticulteurs comprenant la nécessité de la collectivité, et déterminés à donner un concours actif à la prospérité de la société.

— *Administration.* — Assemblée générale des sociétaires statuant sur toutes les questions de fond. Conseil d'Administration et de Direction, composé: d'un Directeur, de deux Sous-Directeurs, d'un Secrétaire, des Chefs de chaque travail, des Commissaires par série de 10 associés. — Tous les mandataires sont nommés à l'élection et pour l'année: ils sont rééligibles.

— *Dépense.* — Frais de culture auxquels il sera pourvu par une cotisation volontaire. (La nourriture des travailleurs, laissée à leur charge dans cette première période, devra faire l'objet d'une organisation d'ensemble plus économique.)

— *Recette.* — Bénéfice de la culture, dons et legs.

— *Répartition.* — Le sol étant supposé loué aux conditions ordinaires, il n'y aura, comme représentant l'élément *Capital*, que les quelques cotisations énoncées plus haut qui prendront part dans le bénéfice au prorata de leur chiffre, et qui seront remboursées ou converties en actions pour constituer le point de départ du *Capital social*. Elles entreront en ligne de compte avec le travail et les services rendus, dans la même proportion que le salaire et l'appointement. (Le travail des femmes, jeunes gens et enfants, sera évalué à la moitié, au tiers, au quart.... de celui des hommes.)

— *Des Réunions et Divertissements* devront inaugurer cette première phase ; car la gaieté et l'entrain font le charme de la vie et fécondent le travail.

DEUXIÈME PHASE.

— *Associés actifs et leur famille. Associés actionnaires et les leurs.*

— *Extension de l'objet de la société* à une culture plus importante, aux entreprises de travaux agricoles, à la fabrication d'ustensiles et de vêtements, aux prêts sur gage et sur caution, à la vente d'objets de première nécessité.

— *Etablissement.* Cave sociétaire ; atelier des hommes, atelier des femmes ; magasin et cantine; logement du préposé ; salle pour Conseil, bureau et bibliothèque.

— *Administration.* Adjonction d'un Trésorier-Comptable.

— *Finances.* — Actif : Actions représentées par l'établissement et autres propriétés, ainsi que par le fonds de caisse. Produit de l'exploitation ; Intérêt des prêts ; Bénéfice des ateliers, du magasin et de la cantine, des fêtes et divertissements. Dons et legs. — Passif : Intérêt, amortissement et entretien de l'établissement. Frais de culture et d'amélioration du sol. Assistance.

Répartition. — Produit. Dépenses.

Bénéfice net.

Capital.	*Intelligence.*	*Travail.*
—	—	—
Actions. Caisse sociale.	Gestion ou fonctions. Services. Zèle.	Evalué en journées.

— *Direction.* — Organisation et développement des intérêts matériels, par : l'entente générale, l'action collective et toute simplification possible, l'économie sociétaire, l'attrait, la division, la variété du travail. — Des intérêts moraux, par: le libre développement de l'Intelligence et de la Conscience; la loyauté et la publicité; la liberté individuelle; l'appui à la misère; l'utilité pour tous; l'éducation et l'utilisation de l'enfance.

VI

J'insisterai sur quatre points:

1° — Qu'il importe de multiplier les fonctions à tous les genres d'opérations, de les rendre amovibles le plus possible; afin de recueillir le plus de lumières, de garantir la gestion de toute prédominance individuelle, d'intéresser de plus en plus tous les associés, et de donner la plus ample satisfaction à toutes les aptitudes, à tous les amours-propres.

2° — Que les civilisations antérieures, placées en face de travaux toujours pénibles ou rebutants par le manque d'outillage et l'absence de moyens mécaniques, nous ayant légué le vieux et immoral préjugé de l'infériorité, du SERVILISME du Travail (1); il faut, au contraire, affirmer sa

(1) En style catholique, *Œuvre servile* est encore synonyme de Travail.

dignité, sa fonction dans l'ordre social; car sans lui, rien ne serait des choses indispensables à la vie ou utiles au bien-être. Le Travail, en quelque genre que ce soit, est l'élément créateur; c'est l'activité de l'homme mise en action pour le bénéfice de tous : c'est un besoin, une satisfaction morale et physique; il n'est mal que par excès ou travail forcé, c'est-à-dire lorsqu'il est imposé et qu'il absorbe dans une seule tendance l'activité de toutes les autres.

Assimiler la matière à ses besoins, développer son intelligence pour l'élever dans l'ordre de la création : telle est l'action de l'homme dans la vie! Et il faut bien espérer que le siècle qui a donné le dernier coup de hache à la vieille iniquité sociale, l'ESCLAVAGE, ne se terminera pas sans proclamer cet axiôme humanitaire: HONNEUR AU TRAVAIL!

La *Collectivité* seule en est l'expression, parce qu'elle supprime toute prédominance fausse par l'Equitable Répartition; parce qu'en groupant les efforts et en simplifiant le labeur elle fait du Travail un simple exercice salutaire et une satisfaction générale.

3° — Que pour arriver à ce but, il faut que le Travail se juge lui-même selon son degré d'utilité, et que la Répartition tienne compte à chacun de ses services et de son zèle pour le bien de tous, conformément au principe : *A chacun selon ses œuvres.*

4° — Que l'agriculture, mère de toutes les industries, doit prendre l'initiative de cette transformation sociale, parce qu'elle seule peut conduire au groupement rationnel et au classement logique des aptitudes, et que la stabilité de ses intérêts est un élément, en même temps qu'une garantie de succès.

Après le programme qui vient d'être tracé, les phases subséquentes sont faciles à déterminer.

— Absorption successive du travail individuel. Collectivité du sol et son organisation générale. Collectivité de toutes les opérations domestiques. Adjonction de toutes les cultures et de toutes les industries pour arriver à l'association complète ; en un mot, pour *substituer le Collectivisme social à l'Individualisme ou Antagonisme actuel* qui paralyse les efforts et entrave la marche ascendante de l'humanité.

VII

Telle est l'organisation initiale de la *Collectivité* agricole, dans la forme qui se présente en premier lieu à l'esprit, par la réunion d'un nombre quelconque de travailleurs directement intéressés à la transformation.

Mais l'initiative individuelle peut elle-même y concourir d'une manière très-efficace, en apportant immédiatement l'élément *Capital.*

Un coup-d'œil sur les divers modes d'emploi du travail agricole, va nous convaincre de la facilité de réalisation qu'on peut trouver dans cette voie.

Ces modes sont au nombre de trois :

— *La Main-d'œuvre.*

— *Le Fermage.*

— *Le Métayage.*

La main-d'œuvre, c'est-à-dire l'ouvrier employé à la journée et rémunéré à prix fait, est le mode le plus barbare, parce qu'il met le travailleur à la merci du propriétaire, s'il n'y a pas concurrence suffisante dans la demande ; ou *vice versâ*, si la concurrence est trop grande ; parce que ce travailleur n'a aucun intérêt à la production, et qu'il est conduit à donner le moins possible de peine et de soin. Que lui importe le résultat ! Et plus il restera de besogne, plus il y aura de salaire assuré pour lui ou ses confrères. Ce mode nécessite donc une surveillance constante et onéreuse ; et par ce temps de prix croissant de la main-d'œuvre, motivé par le développement du travail général, le bénéfice diminue de jour en jour.

Le Fermage, ou la location de la terre pour un

temps déterminé moyennant une redevance annuelle, a l'avantage, il est vrai, de supprimer toute surveillance de la part du propriétaire, et de laisser toute latitude au fermier, puisque lui seul est intéressé à la production ; mais il est, en fait, la ruine du sol par la pénurie et l'ignorance du cultivateur, et surtout par l'intérêt direct qu'il a à ne faire aucune amélioration dont le bénéfice à venir ne lui est pas garanti ; plus encore, à épuiser le sol durant les premières années de son bail et à ne pas l'entretenir en état durant les dernières, soit qu'il doive cesser sa location, soit qu'il doive la poursuivre ; car dans ce dernier cas, il n'aura pas à redouter la concurrence et l'élévation de loyer qui résulterait d'un sol prospère.

Le Métayage ou la location moyennant une part en nature de la récolte, est bien le mode le plus rationnel, parce que propriétaire et métayer sont tous deux intéressés à la production et par conséquent aux améliorations comme au bon entretien. Le propriétaire est, il est vrai, obligé d'être sur les lieux ou de s'y faire représenter par un mandataire; mais s'il possède des connaissances agricoles et le désir de tirer bon parti de son domaine, il en résulte entre lui et le cultivateur une véritable association du *Capital*, de l'*Intelligence* et du *Travail*, dont de nombreux exemples en pleine prospérité garantissent la valeur.

De là à une association plus complète il n'y aurait qu'un pas : intéresser tous les auxiliaires au développement de la production et à l'économie de la consommation, en les rémunérant par une part directement proportionnelle à leurs services et au bénéfice net. Puis comme voie de progression à grouper les propriétaires et les cultivateurs voisins dans une belle entreprise collective.

Telle est la solution rationnelle de l'antagonisme produit par la divergence manifeste des intérêts, entre les propriétaires, les fermiers et les salariés, au grand détriment de la production et d'une juste fraternité dans les rapports sociaux. Et partout où l'homme éclairé et de cœur généreux prendra cette initiative, il ne tardera pas à en trouver la récompense dans l'attrait que lui présenteront les progrès de l'exploitation, dans les sentiments d'estime réciproque et dans le développement du bien-être pour lui comme pour tous. Car l'Association, multipliant les forces, multiplie la Production, la Richesse.

VIII

On a pu facilement se rendre compte, par le tableau sommaire de l'organisation du sol, de ce que l'on doit entendre par la *Collectivité du Capital :* c'est l'organisation générale du *Fonds commun*, selon la nature réelle des intérêts et pour le meilleur rendement possible.

La *Collectivité du Travail* est également l'organisation générale des forces individuelles pour la plus grande somme de travail produit, avec le moins de temps, avec le moins de peine.

Supposons que 10 travailleurs, ayant à faire un transport de terre, agissent isolément, chacun pour son propre compte. Chacun d'eux devra successivement piocher le sol, préparer la charge, la transporter, la mettre en place ; c'est-à-dire se livrer coup sur coup à quatre opérations distinctes qui, à chaque changement, nécessiteront un temps d'arrêt, un autre effort et un nouvel instrument.

Supposons-les maintenant réunis et combinant leur action commune. Un groupe piochera, le second chargera, le troisième transportera, le quatrième mettra en place; le tout sans forces perdues, sans arrêt, sans encombre ; avec un outillage quatre fois moindre et toutes les simplifications qu'indiquera l'importance du travail ; puis avec l'entrain d'une série de groupes marchant d'ensemble et d'un commun accord pour un but commun.

Dans les travaux plus complexes, ce sera l'utilisation de toutes les forces, selon leur degré et les aptitudes ; depuis l'enfant jusqu'au vieillard qui peuvent employer leur activité à de menus travaux satisfaisants pour eux, utiles à tous.

C'est, en application générale, le système de la chaîne dans les incendies ; mode d'emploi des forces qui accélère le travail, en supprimant pour tous la perte de temps et la peine du transport.

C'est, enfin, le procédé de la *division du travail* qui consiste à grouper isolément toutes les opérations distinctes, pour les rendre plus rapides par la suppression de tout arrêt pour passer d'une opération à une autre, par l'habileté que donne la pratique d'une même main-d'œuvre. — C'est ainsi qu'une aiguille qui, depuis la barre d'acier jusqu'à la mise en boîte, exige un nombre considérable de façons, peut être livrée à un prix infime, tandis que, fabriquée par un seul ouvrier, la lenteur de l'exécution en ferait un objet de luxe.

La grande industrie a fait de la division du travail la base de son organisation : C'est là, avec l'outillage mécanique, la source de sa prospérité. Mais, régie par la loi individuelle, elle n'a à se préoccuper que de son propre gain et nullement de la satisfaction de ses auxiliaires. Elle ne voit pas en conséquence l'excès de son système, poussé à l'extrême par la lutte de chaque jour contre la concurrence; c'est-à-dire que tout travail perpétuellement le même et restreint à d'étroites limites, devient lourd et rebutant, et atrophie l'intelligence en condamnant l'homme au rôle d'une simple machine exécutant consécutivement et sans variation le même mouvement.

L'artisan isolé avait, à l'inverse, à mettre en jeu toute son intelligence pour parfaire en entier l'ensemble de son travail; il avait de plus l'alternance d'une main-d'œuvre à une autre, qui équivaut à un véritable repos; et par ces deux conditions, il jouissait d'une indépendance relative et d'un juste développement de ses aptitudes. Mais sa Production était très-limitée par le manque d'organisation des efforts et par la faiblesse de l'action individuelle.

La *Collectivité*, qui n'est autre que le système économique de l'*Intérêt direct de tous*, doit bien se préoccuper de la Production qui donne le bien-être; mais comme partie intégrante d'un but plus large, la satisfaction de toutes les tendances : but final de l'existence et de toute bonne organisation sociale. — Elle y pourvoira par un ressort nouveau, l'*alternance dans le travail*, c'est-à-dire par la succession des groupes les uns aux autres dans les diverses fonctions. — Ainsi, dans l'exemple d'un transport de terre cité plus haut, le premier groupe, après un temps d'exercice, changera d'emploi avec le second, puis avec le troisième... De telle sorte, que sans perte de temps et sans changement dans l'ensemble, chaque travailleur aura pris part à toutes les parties du travail et pourra se rendre compte de l'ensemble de l'entreprise.

Physiologiquement, c'est-à-dire d'après la constitution de l'homme, un travail identique peut bien être soutenu avec énergie pendant un laps de temps ; mais au delà, les ressorts physiques et intellectuels se fatiguent, se détendent, et le travail languit. Par l'alternance des actions, de nouveaux organes entrent en jeu, tandis que les premiers se reposent. — Il serait bien temps que l'étude de la nature présidât aux choses humaines, en lieu et place de la routine ou du caprice individuel rarement d'accord avec la raison.

La civilisation ancienne n'a compris la mise en action du travail que par la force, par l'autorité le plus souvent aveugle et sans raison d'être.

Aussi en a-t-elle fait la *Servitude.* — La civilisation de l'avenir, en la basant sur l'intérêt direct et sur l'attrait, ou pour mieux dire sur la libre application des aptitudes qui sont le mobile de l'activité humaine, en fera la *Liberté;* c'est-à-dire le libre exercice des facultés de l'homme.

Quant à la *collectivité des opérations domestiques*, un seul exemple en fera saisir également la signification. — Soit 10 familles fabriquant isolément le pain nécessaire à leur consommation. Il faudra dix jours et dix demi-journées pour produire la provision particulière de toutes. Supposons-les réunies par un commun accord pour cette fabrication. Un seul four et un seul matériel suffiront, et deux journées de deux personnes fourniront le travail nécessaire. Il y aura donc une économie considérable de mise de fonds, une économie de main-d'œuvre et de combustible ; plus une garantie de bonne fabrication par l'emploi des personnes les plus expertes.

Si cent familles collectivent cet intérêt, l'économie croîtra en proportion ; elles bénéficieront en un mot du gain du boulanger, et par l'importance de la fabrication, le travail pourra être simplifié par l'organisation d'un four et d'un pétrin mécanique, qui serait d'un prix trop élevé pour une minime consommation.

Eh bien, que cette économie porte sur toutes les opérations du ménage, sur l'utilisation de tous les produits perdus faute d'emploi, et on jugera par cela seul de l'utilité de la *Collectivité* pour le bien-être général !

IX

Il est indispensable, sous peine de s'exposer à de graves mécomptes dans tous les essais d'organisation qui seraient tentés, d'examiner l'état de la législation actuelle relativement à la *Collectivité* ou à la liberté d'association.

— Il faut d'abord remarquer que cet ordre économique aurait pour résultat une simplification immense — et personne ne s'en plaindra — des lois existantes concernant le sol. Car il simplifiera l'assiette des intérêts et supprimera tout sujet de contestation entre propriétaires, entre propriétaires et colons, etc., etc.

Si nous supposions, en effet, l'ensemble d'un réseau de chemins de fer soumis aujourd'hui aux conditions de la propriété du sol ; c'est-à-dire divisé en autant de parcelles qu'il y a d'*Actions* ; qui n'entreverrait non-seulement des contestations, des procès, à n'en pas finir; mais encore des complications de toute nature qui rendraient l'exploitation impossible? C'est à peu près ce qui a lieu pour les prises d'eau, dans toutes les contrées où l'irrigation est une condition indispensable en Agriculture. — Qu'on juge, d'après cela, de tout le temps, de tout l'argent, de toutes les forces perdues inutilement et en tous sens par le fait de la division du capital.

— En deuxième lieu, il faut ajouter que la loi n'a pas de vertu adventive; qu'elle ne fait jamais qu'enregistrer les rapports des faits connus et bien constatés avec le droit public et le droit privé; que, par conséquent, il serait à souhaiter que la plus large initiative soit laissée au fait nouveau de se produire, sous la garantie bien suffisante du *Droit commun;* afin qu'il détermine de lui-même ses lois et ses conditions d'existence.

Malheureusement, il n'en est point ainsi, de par les lois civiles et politiques. La loi politique, par exemple, limitant le droit de réunion à vingt personnes — *article* 291 *du Code pénal* — coupe court à tout développement de la Collectivité, non-seulement dans son organisation, mais encore dans la préparation et dans l'entente commune des intéressés. — Il importe donc d'en demander l'abrogation, au double point de vue de la dignité du citoyen qui n'a que faire d'être tenu indéfiniment en tutelle et de l'organisation sociale dont elle entrave la marche.

Cependant, dans ces conditions, il ne serait pas inutile d'entreprendre la formation de groupes limités, en ne considérant comme membres associés que les chefs de famille, et leurs femmes et leurs enfants que comme de simples auxiliaires. Ces groupes auraient déjà une suffisante importance pour donner des résultats appréciables ; ils seraient entièrement libres et présenteraient le grand avantage de fonder les mœurs ainsi que l'expérience de l'association, sans encombre, sans s'engager dans les difficultés d'une grande entreprise, en attendant qu'ils puissent librement se fusionner et organiser une plus vaste exploitation.

Hors de là, la nécessité de la déclaration préalable et les formalités qu'elle entraîne; plus spécialement l'ingérence de l'Administration publique dans la marche de la société et sa faculté de pouvoir imposer son *veto*, si c'était son bon plaisir ; ne sont pas des circonstances favorables à une organisation sérieuse et stable : Car il ne s'agit pas ici, comme dans la société commerciale, de grouper seulement des intérêts inertes, mais bien des hommes dans toute la plénitude de leur indépendance individuelle et publique.

L'association agricole ne rencontre, il est vrai,

aucune entrave dans la loi civile, pourvu, toutefois, qu'elle ne fasse aucun acte véritablement commercial ou de spéculation. Mais dans son mode de *Collectivité du Travail*, elle est simplement productrice : c'est une réunion de producteurs qui n'achètent pas pour revendre, mais qui simplement écoulent leurs produits. Le fait existe, car il n'est pas rare de voir, dans les grandes exploitations, le propriétaire et les vignerons rentrer la récolte dans une même cave et la vendre en bloc. — Comme société de consommation même, c'est le fait de plusieurs personnes achetant, à frais communs, les produits nécessaires à leur propre consommation.

Ce point est important à établir, par la raison que les formalités imposées aux sociétés commerciales sont onéreuses et restrictives, et qu'elles ne sauraient convenir aux Associations agricoles.

La seule constitution qui leur soit applicable, est le contrat synallagmatique sous seing privé ; leur seule législation, le Code civil : absolument comme pour les communautés religieuses et les établissements de production connus de longue date en Suisse et dans le Jura sous le nom de *Fromageries*.

CHAPITRE IV

La Collectivité industrielle.

I

Les considérations qui précèdent, de même que la marche indiquée pour fonder la *Collectivité agricole,* s'appliquant dans le plus grand nombre de points à l'*Industrie*, il suffira de poser dans ce chapitre les bases les plus spéciales à cette dernière.

Il est clair, en effet, que l'Industrie, pas plus que l'Agriculture, ne peut considérer comme sa forme définitive une organisation éparse et sans ensemble, livrée à la seule initiative individuelle, à la divergence des trois éléments de la Production, ainsi qu'à la suprématie et à l'exploitation du *Capital*.

Mais il faut remarquer, tout d'abord, que l'Industrie ne possède que deux modes d'emploi du Travail tout aussi peu intéressés l'un que l'autre au résultat.

— Le *Travail à la journée*, qui est le fait général et qui vient d'être apprécié quant à sa valeur économique.

— Le *Travail à la pièce*, qui est également rémunéré par un prix fixé à l'avance ; mais qui, du moins, laisse au travailleur une certaine liberté et le sollicite même à une prompte exécution. Le Fabricant le sait et en profite : car en établissant par ce mode le prix de revient, il pressure d'autant la main-d'œuvre, et place ainsi ces deux modes dans un fâcheux antagonisme.

Autrefois l'ouvrier avait la perspective, avec de l'ordre et de l'économie, de conquérir son indépendance, c'est-à-dire de fonder une industrie et de devenir patron à son tour. Mais aujourd'hui cette espérance va sans cesse en diminuant, au grand détriment de la moralité du Travail, en raison de l'accaparement de la Production par la Grande Industrie qui, grâce à la *Collectivité des Capitaux individuels* dont elle a fait sa base économique, dispose de ressources illimitées et peut organiser l'action d'ensemble, la combinaison des efforts, l'outillage mécanique, l'utilisation de tous les produits : toutes choses interdites à la petite industrie et qui lui rendent la concurrence impossible.

Il ressort de ceci que l'Agriculture et l'Industrie suivent une voie diamétralement opposée : car, tandis que la première, partie de l'agglomérération du sol entre les mains des grands propriétaires féodaux, aboutit à la division illimitée; la seconde, procédant de la petite industrie de l'artisan isolé, arrive à la grande exploitation, non plus seulement individuelle, il est vrai; mais collective en ce qui concerne le Capital.

D'où provient cette différence? De ce que le Capital industriel est représenté par une valeur mobile qui peut se transporter partout et se grouper là où les détenteurs le jugent le plus utile à leurs intérêts.

Le Capital agricole, au contraire, valeur immobilière, est rivé au sol par sa constitution actuelle, et ses parcelles ne pourraient se réunir que dans la double condition de contiguïté et de convenance des propriétaires.

L'esprit du siècle, qui a compris la puissance d'action de l'union des forces, s'est alors empressé de les grouper là où il lui a été possible, dans l'industrie. Qu'en est-il résulté? C'est que, pendant que l'Agriculture périclite dans sa pénurie et sa faiblesse, l'Industrie se développe, et que mettant à profit tous les moyens que lui apporte la science, elle enfante la richesse de la Production pour tous et le lucre pour les détenteurs de l'élément qu'elle a groupé.

Voilà, certes, un grand enseignement de la puissance de la Collectivité; puisque le seul groupement matériel du Capital crée la prospérité. — Que serait-ce donc, si les deux éléments actifs, le Travail et l'Intelligence, intéressés directement à leur tour, associaient leurs efforts au premier, dans une direction commune et selon la loi de justice?

Que la loi de l'intérêt individuel ait gouverné jusqu'à présent les trois éléments de la Production, tant que l'organisation matérielle et intellectuelle de la société n'a pas permis la combinaison des forces générales ; à l'inverse, a nécessité l'emploi exclusif du mobile personnel pour stimuler l'activité : soit! Mais aujourd'hui que les circonstances sont tout autres par suite du développement des intelligences et des communications, surtout par l'unité nationale des peuples, non plus fondée dans l'intérêt d'une famille, d'un Dynastie, mais bien pour l'union et le développement des intérêts de tous ; l'assise de l'ordre social doit se transformer, comme a dû le faire celle de l'ordre politique pour passer de la souveraineté individuelle à la SOUVERAINETÉ NATIONALE. — En un mot, il est temps, si nous voulons mettre notre ordre économique d'accord avec le développement actuel de l'idée de Justice, et éviter des commotions violentes et aveugles, de substituer au *mobile individuel* d'une action restreinte et primitive, le *mobile collectif* d'une puissance illimitée et conforme à la raison.

Rendons-nous compte de ces deux agents de l'activité !

II

L'homme est sollicité à faire usage de ses facultés physiques et morales, en premier lieu, pour conserver et sustenter son existence, pour pourvoir à son bien-être. C'est le mobile individuel dans toute son acception ! — Puis pour ceux auxquels il est uni par les liens du sang ou de la sympathie ; puis pour tous.

Tous nous volons, en effet, sans calculer nos peines, au secours de notre semblable en détresse ; ou simplement nous lui venons en aide, dans la vie de chaque jour, sans autre stimulant que le sentiment de fraternité ou *d'amour du prochain* qui se traduit par cette loi de la conscience : *Fais à autrui ce que tu voudrais qu'il te fût fait à toi-même !*

Car tous nous sentons, dans notre for intérieur, que nous sommes membres d'une même famille, *l'humanité*, et que nous nous devons aide et appui mutuel. Et la nature, en bonne directrice, a attaché à ce devoir une attraction, la satisfaction morale. — « *J'ai perdu ma journée ;* » disait un grand homme de cour, lorsqu'il n'avait soulagé aucune infortune.

Ce sentiment, commun à tous, crée le principe de la *Solidarité* qui va en s'étendant, en raison de la sécurité de l'existence personnelle, du développement moral et de l'extension des relations des hommes entre eux.

Si nous vivions seuls et isolés, le mobile individuel serait notre seule règle, de même que nous serions réduits à notre seule force ; mais il n'en est point ainsi, de par le fait de notre vie sociale ou collective. Les actions de tous se touchent et s'entremêlent ; de telle sorte, qu'il n'y a pour ainsi dire aucune production qui ne nécessite le concours de plusieurs et que la somme de nos actions se lie étroitement à l'action de tous nos semblables.

L'agriculteur, l'artisan, mettent en œuvre une matière déjà ouvrée par d'autres, avec un outillage que d'autres ont fabriqué. Le savant lui-même ne progresse qu'à l'aide de la science acquise par ses prédécesseurs ou par ses émules.

Le *mobile individuel* devient donc forcément *collectif* dans la vie sociale, au fur et à mesure que celle-ci se condense et se développe. Il y est de plus en plus convié par la puissance d'action qu'il puise dans la réunion des efforts et qui constitue son réel intérêt selon la formule : *Chacun pour tous, tous pour chacun.*

Et le mobile collectif est si bien l'expression du réel progrès humain, qu'on n'apprécie l'individu que par son degré d'utilité pour ses semblables.

C'est un héros ! il a versé son sang pour la Patrie.

C'est un grand homme ! il a élevé l'intelligence générale.

C'est un homme de bien ! il est mort pauvre, après une carrière bien remplie.

C'est-à-dire que ceux-là, imbus du sentiment collectif, ont sacrifié leur propre intérêt à celui de tous !

L'*Egoïsme*, qui prétend cependant s'ériger en principe, a bien inventé cette contre-maxime : *Chacun pour soi, chacun chez soi, — et Dieu pour tous !*... a-t-il l'aplomb d'ajouter. — Mais ce Dieu, ce *Deus ex machinâ*, qu'il fait intervenir pour masquer par un grand mot son peu de raison d'être, qu'est-ce en réalité ? Si ce n'est encore le *sentiment de solidarité* qui viendra en aide au pauvre diable au jour de la misère, ou le besoin du concours de toutes les forces qui donnera un emploi à son activité.

Eh bien, je ne voudrais à l'appui de la thèse du mobile collectif, que l'appréciation de ces deux maximes par la conscience publique ! —

Mais il y a plus, et la raison elle-même nous dit que le véritable progrès social ne peut se constituer que sur l'entente et l'action collectives, et non pas sur l'Individualisme qui n'a aucune puissance d'action et qui dégénère forcément en injustice, en immoralité; en établissant la prédominance de l'astuce et de la force, sur la faiblesse et la droiture.

III

Il est clair, en dernière analyse, que pour l'industrie comme pour l'agriculture, le meilleur mode d'exploitation sera celui qui donnera plein essor à l'activité physique et intellectuelle de tous.

Il en ressort que la collectivité agricole doit nécessairement embrasser la collectivité industrielle ; comme cela a lieu pour certaines industries qui se combinent avec les travaux de la campagne, en Suisse, dans le Jura, dans les Vosges, et ailleurs : Premièrement, au point de vue d'une saine hygiène qui développe les forces ; car il n'est pas normal que l'homme passe sa vie entière dans une mine ou dans un atelier, mais qu'il en résulte une dégénérescence forcée de l'espèce humaine; secondement, pour utiliser tous les efforts et stimuler la Production par l'alternance dans les travaux qui prévient la lassitude et le dégoût; troisièmement, pour la bonne application des diverses aptitudes qui ne peuvent se faire jour dans une organisation où l'homme est rivé, dès le bas-âge, à une seule fonction, déterminée par les circonstances et nullement par les propensions naturelles.

La paresse elle-même, hors le cas d'une complète inactivité, est un vice social qui n'a d'autre cause que le dégoût d'un Travail antipathique et le manque d'emploi des aptitudes particulières; car il n'est aucun homme qui ne soit doué de tendances dont l'utilisation serait pour lui une satisfaction et un plaisir. Il faut même observer que les plus spéciales, et les plus utiles par conséquent, sont généralement les plus antipathiques à tout autre. Ce vice de paresse n'est qu'un détail des forces perdues par le manque d'organisation rationnelle et dont le tableau prouverait à lui seul l'insuffisance du système individuel.

Mais l'Agriculture et l'Industrie sont tellement séparées l'une de l'autre aujourd'hui, par leurs intérêts et leur organisation, qu'il serait impossible de ne pas les grouper isolément au début, sauf à les rapprocher peu à peu et à préparer leur entière fusion.

Car cette fusion seule permettra l'organisation générale de la Production, aujourd'hui tantôt active et désordonnée dans quelques-unes de ses parties, tantôt morne et abattue. Ce n'est, certes, pas là une constitution sérieuse!

IV

D'autre part, les ouvriers de l'Industrie, plus particulièrement soumis à la prédominance du Capital, par le mode d'emploi de leur travail; vivants d'ailleurs dans des centres d'une plus grande activité intellectuelle, et déjà préparés à l'entente collective par les travaux d'ensemble de l'atelier; se rendent mieux compte de la nécessité et de la puissance de la collectivité, et sentent plus vivement que c'est pour eux la voie de la délivrance et de la liberté.

Il s'en suit que le mouvement d'Association s'accentue de plus en plus parmi eux et que déjà de belles institutions sont en pleine voie de prospérité, en Angleterre, en France, en Allemagne.

Il suffira donc pour poser d'excellentes bases d'organisation de prendre les statuts des sociétés existantes, dont on trouvera un spécimen à la fin de ce volume.

Ce mouvement s'est développé d'une manière particulière dans ces dernières années, sous le nom de COOPÉRATION.

En voici la signification.

Dans les grands centres de population, les ouvriers d'un même état, ayant leurs domiciles situés à des distances considérables les uns des autres, ne pourraient toujours se grouper dans une association complète qui comprendrait tous leurs intérêts. Cette impossibilité a conduit à scinder les opérations, afin de rendre la Collectivité plus praticable. C'est ainsi qu'on a établi :

— *La Coopération de Production.*

— *La Coopération de Consommation.*

— *La Coopération de Crédit.*

La Coopération de Production, qui a pour objet une fabrication industrielle quelle qu'elle soit par un nombre quelconque de travailleurs associés, tient la tête, parce qu'elle est le moyen le plus direct de réagir contre l'oppression du Capital et qu'elle conduit naturellement à toute autre forme, une fois le groupe établi.

La Coopération de Consommation a pour but de simplifier toutes les opérations domestiques par l'unité d'action ; de faire profiter les associés des frais et bénéfices d'une organisation commerciale compliquée et onéreuse ; d'offrir, enfin, à tous des produits de bon aloi.

C'est le cas de dire quelques mots du Commerce en général ; l'intermédiaire actuel entre le *Producteur* et le *Consommateur*.

Le Commerce, dans son essence, est l'échange de l'excédant d'une industrie sur sa propre consommation, contre d'autres produits qui lui font défaut.

La difficulté des communications d'autrefois, le morcellement de la Production, la division extrême de la Consommation, ont nécessité une fonction spéciale dans la Société, fonction qui a pour objet d'entreposer et de distribuer les produits : c'est l'agent commercial.

Les riches bénéfices auxquels le commerce a donné lieu par l'ignorance de la valeur première, par les risques à courir, par le manque absolu de tout contrôle, ont fait se précipiter dans cette carrière, moins pénible, une foule de concurrents.

Il résulte, là encore, de cette organisation de la subsistance publique abandonnée à la seule initiative individuelle, des vices radicaux qui depuis longtemps ont fixé l'attention des économistes, par exemple : des frais multiples et énormes d'établissement et de gestion, le gain illimité, la fraude sous toutes ses formes, une armée d'agents détournés de la Production, et, en dernier lieu, là aussi la prédominance du Capital qui tue la concurrence, seule garantie de la société.

Sans aucun doute, le Commerce a eu sa raison

d'être dans le système individuel. Il recueillait, souvent au loin, les produits épars dans une multitude de mains; il créait des débouchés en les important dans des contrées qui en étaient dépourvues ; il mettait à la portée du consommateur isolé la minime part qui lui était nécessaire; il payait les denrées dont la vente directe se serait fait attendre; il jouait, en un mot, le rôle de banquier de la Production et de la Consommation.

Mais avec les communications qui vont en se développant, le commerce perd chaque jour une part de son utilité, parce que le Consommateur a de plus en plus la facilité de s'adresser directement au Producteur. Déjà la grande industrie a pour résultat de concentrer les produits; mais la Collectivité en fera le fait général : Plus encore, en groupant la Consommation, en assurant le crédit à tous, elle rendra inutile un rouage superflu et parasite qui prélève un impôt colossal sur la Production et la Consommation, au détriment de l'essor général.

On se plaint, chaque jour, des charges que l'Etat fait peser sur les contribuables; mais l'impôt du commerce est d'une bien autre importance, sans qu'on paraisse s'en préoccuper; et assurément il est beaucoup moins motivé, quelle que soit la critique à laquelle les budgets donnent justement lieu.

Il y a donc encore ici une considération déterminante à s'occuper des intérêts sociaux, tout autant pour le moins que des intérêts politiques.

V

Bien que le programme d'Association agricole qui a été exposé dans le chapitre précédent puisse servir de plan d'organisation et de développement de la Collectivité industrielle, les conditions autres du travail nécessitent cependant une manière différente de procéder.

En effet, l'ouvrier industriel employé d'une façon continue dans la manufacture ou chez le patron, ne peut disposer d'aucune part de son temps, et on est obligé d'en revenir à la cotisation pécuniaire pour constituer le Capital de l'Association. La *Coopération de crédit* peut alors jouer un rôle doublement utile, en assurant au travailleur économe et prévoyant une ressource en cas de besoin, et en rassemblant les épargnes individuelles pour les faire fructifier jusqu'au jour de leur emploi. Car l'établissement, l'outillage, la matière première exigent dans toute industrie une certaine mise de fonds initiale, et il serait dangereux de s'aventurer avant de l'avoir constituée. Sous ces deux-rapports, la facilité de l'organisation est toute en faveur de l'Agriculture, et indique qu'il serait sage de commencer par elle la transformation de l'ordre actuel.

Cette première difficulté trouverait une solution facile entre ouvriers travaillant à la tâche dans une même industrie. Ils n'auraient qu'à grouper l'outillage que chacun d'eux possède et à organiser le Travail par une entente commune ; tout en recevant, comme avant, la matière première des mains du Fabricant, en attendant que leurs propres ressources leur permettent d'agir pour leur compte et de bénéficier du gain de l'intermédiaire. Cette entente commune aurait pour conséquence immédiate de supprimer toute concurrence entre eux et de maintenir leurs intérêts contre la pression du Capital.

Le second point qui doit attirer toute l'attention des Sociétés Coopératives, c'est la *Gestion* qui, en industrie spécialement, exige une direction éclairée et une connaissance approfondie des procédés de fabrication comme des agissements du Commerce. On y arrivera plus facilement par la division des fonctions et en se contentant tout d'abord d'un point de départ simple et restreint, pour laisser au temps le soin de former les mœurs de l'Association, de fonder l'expérience qui, par trop de hâte ou par une entreprise trop considérable au début, pourrait se faire chèrement payer.

Le Capital social étant constitué par un apport libre au delà d'une cotisation ou d'une mise de fonds déterminée; laquelle cotisation pourra elle-même se former ou se compléter par une retenue sur le salaire et le bénéfice, afin de ne repousser aucun travailleur de bonne volonté ; il y aura à se préoccuper des débouchés pour assurer un travail continu aux sociétaires. Quant au surcroît qui pourrait survenir, il pourra être confié à des auxiliaires qui, intéressés eux-mêmes dans les bénéfices, s'initieront à leur tour à la marche de l'association et formeront une pépinière dans laquelle se recrutera la Société au fur et à mesure de son développement.

Car il importera au succès de l'entreprise, non moins que les conditions matérielles dont il vient d'être parlé, que les Associés aient entre eux une juste confiance pour assurer l'essor général. Il en résulte que les parts du fonds social seront toujours nominales et ne pourront être transmises qu'avec l'assentiment de la Société, et que celle-ci devra se réserver le droit de répudier tout membre qui aurait déchu dans l'estime de ses coassociés. Par contre, tout membre pourra se retirer de son plein gré, en reprenant son apport dans des conditions déterminées pour la sauvegarde de l'Association, et sauf une retenue pour la caisse de réserve.

Ces divers points étant établis d'une manière sommaire, il reste la Répartition.

Il doit être entendu que les travailleurs étant occupés constamment aux travaux de la Société, ne sauraient vivre sans un salaire assuré.

Chaque inventaire indiquera donc : le chiffre du Capital employé, la somme des salaires du Travail, la somme des appointements de la Gestion : et le bénéfice net sera partagé proportionnellement à ces trois nombres ; puis divisé entre chaque associé au prorata de sa mise de fonds, de son salaire ou de son appointement.

Tel pourrait être le point de départ de la Répartition, en attendant que l'expérience ait prononcé sur le réel rapport des trois éléments : *Intelligence*, *Travail*, *Capital* : avec la *Production*.

VI

L'initiative privée, de même qu'en Agriculture , peut jouer dans la *Collectivité Industrielle* un rôle très-important, en y apportant non-seulement l'élément Capital, mais la connaissance de la Gestion qui trop souvent fait défaut aux travailleurs, par suite de leur fonction trop spéciale.

Depuis longtemps déjà, des Manufacturiers éclairés ont compris, qu'en bonne justice, ils ne pouvaient espérer du Travail un concours actif et entendu qu'en lui donnant des garanties de bien-être, seules capables de développer les forces physiques et intellectuelles, et de fixer leurs auxiliaires. Dans ce but, ils ont annexé à leur établissement des écoles, des cantines, des maisons ouvrières, des soins pour les malades, des caisses de secours et de retraite.

Mais il y a mieux encore ! D'autres Fabricants, plus avisés, ont associé les ouvriers à l'entreprise et successivement les initient à la Gestion ; de telle sorte que leur concours arrive à se réduire à de simples conseils que leur inspire leur expérience, ainsi que leurs connaissances acquises ; et qu'en définitive ils ont développé leur propre liberté en s'entourant d'hommes intéressés à bien faire et à voir prospérer l'établissement.

Ce sont là, surtout, de beaux exemples qu'on aimerait à voir se généraliser, pour fonder la *Concorde* si nécessaire à tous les intérêts. Mais une simple réflexion pourrait y conduire, si l'esprit humain se rendait bien compte de ses agissements et du milieu dans lequel il se meut : c'est que dans le *Système individuel*, tous nous agissons forcément en vue de notre seul intérêt plus ou moins bien entendu ; que l'*Idée de Justice*, que le *Sentiment de Solidarité*, ne peuvent y avoir qu'une bien faible part ; et qu'alors ce ne sont pas les individualités qui sont coupables, mais bien les institutions.

VII

Toute industrie supposant l'acquisition de matières premières, brutes ou ayant déjà subi une préparation, qu'elle transforme en de nouveaux produits à revendre, fait nécessairement *acte commercial*, d'après la définition du Code. Il en résulte que l'*Association industrielle* ne peut échapper à la législation commerciale, pas plus que les exploitations particulières ou sociétaires actuelles.

Il est donc indispensable d'examiner les dispositions les plus favorables de la loi qui puissent lui être appliquées.

Le Code de commerce reconnaît trois formes distinctes de Sociétés :

— *La Société en nom collectif* qui rend tous les

sociétaires solidairement responsables des actes de la Société.

— *La Société en commandite* qui limite la responsabilité à l'apport de chaque associé.

— *La Société anonyme* qui présente le même avantage, mais qui avait le défaut, avant la transformation qu'elle a subie en 1857, de nécessiter l'autorisation préalable de l'Etat.

La première forme, avec la responsabilité illimitée, peut convenir à quelques associés fusionnant leur industrie et pouvant apporter un contrôle perpétuel aux opérations; mais elle ne serait pas de nature à attirer beaucoup d'adhérents à une Société coopérative comprenant un nombre illimité de membres et pour une organisation nouvelle à fonder.

La deuxième exige une *Raison sociale* nominative d'un ou plusieurs Gérants, et ainsi restreint l'amovibilité de la Gérance par suite de l'obligation, à chaque changement, de nouvelles publications constatant l'organisation nouvelle de la Société, et d'un dépôt nouveau de l'acte constitutif. Cette condition nécessite alors de plus grandes garanties de la Gérance, et pour en éviter les inconvénients, on avait dû adopter la double forme de *Société en nom* collectif à l'égard des Gérants et de *simple commandite* à l'égard des associés.

Mais les vices en étaient manifestes !

En premier lieu, il sera toujours difficile de trouver des Administrateurs acceptant la responsabilité illimitée ; secondement, par le fait même de cette responsabilité, leur autorité devrait être considérable et en quelque sorte sans contrôle ; et enfin une large rémunération devrait compenser le risque encouru : Toutes conditions antipathiques aux principes coopératifs et démocratiques.

La loi nouvelle de 1857 a notablement élargi le cadre de la *Société anonyme* et a supprimé l'obstacle de l'autorisation préalable. Dès lors, cette forme devient de tous points préférable, parce que soumettant les Gérants aux mêmes conditions que les associés ordinaires, elle supprime toute inégalité et rend le contrôle constant autant qu'effectif.

Telles sont, en substance, les points les plus importants de la Loi commerciale. Mais comme dans toute association, l'objet est avant tout de grouper les efforts individuels et d'appeler les participants à la gestion de leurs intérêts de toute nature ; que par le fait elle crée dans l'Etat un groupe, une force qui peut à un moment donné éveiller les susceptibilités d'un gouvernement autoritaire : Tant que subsistera *l'article 291 du Code pénal*, les tentatives d'organisation seront soumises à toutes les exigences de l'arbitraire.

Il importe donc de poursuivre sans relâche la revendication du droit pur et simple de réunion, sous la seule garantie du Droit commun.

CHAPITRE V

La Mécanique au point de vue social.

I.

Il a été dit, dans le chapitre de la *Collectivité agricole*, que la MÉCANIQUE était à elle seule toute une question ; c'est-à-dire, que par l'ensemble des forces qu'elle fournit, elle prend une telle part à la Production, qu'elle nécessite une étude spéciale. — On pourrait dire en terme général, la SCIENCE ; mais le mot Mécanique est plus caractéristique de l'application de l'intelligence aux besoins matériels de l'humanité, et en se rendant compte du rôle économique de cet instrument de travail, on verra qu'il prouverait à lui seul la raison d'être et la nécessité de la Collectivité.

Au point de vue Économique, la Mécanique a pour objet l'asservissement et la combinaison des forces de la nature, pour multiplier la force propre de l'homme et développer ses moyens d'action, son bien-être, sa *Liberté*.

Platon, le grand philosophe grec, dans son livre *de la République*, fut conduit à reconnaître, en quelque sorte, l'esclavage comme une nécessité sociale : c'était non-seulement dans les idées de son temps, mais il sentait que pour élever les hommes à la dignité de citoyens, c'est-à-dire, pour qu'ils fussent assez éclairés pour gérer les affaires de l'État, il fallait qu'ils ne fussent point exclusivement absorbés par les besoins du vivre, par le travail matériel; qu'ils eussent, en un mot, assez de loisir pour développer leur entendement et vaquer aux intérêts de la chose publique. Il passait facilement sur l'*iniquité* d'asservir une partie de l'humanité à l'autre, parce que l'*Idée de Justice* n'avait pas encore acquis un degré suffisant de développement pour faire sentir toute l'immoralité de cet ordre économique, et parce qu'il ne pouvait entrevoir, alors, d'autre moyen que la machine humaine pour créer la liberté dont il voulait doter ses concitoyens.

Les hommes politiques de notre temps ne sont, en vérité, guère plus avancés en connaissance sociale : car en admettant le prolétariat, cette dernière forme d'oppression de la majeure partie de l'humanité par l'autre, tous leurs efforts n'aboutissent qu'à fonder la liberté au profit de la classe prédominante, la bourgeoisie.

Ils sont d'autant moins excusables, qu'ils ont entre les mains la MACHINE SOCIALE qui doit affranchir l'humanité de toute servitude, en faisant, de concert avec la *collectivité des efforts*, non plus un labeur forcé et contrait du travail matériel, mais une libre et simple application de l'activité humaine, régie par les aptitudes naturelles. Cette *machine sociale*, c'est la *science*, c'est la *mécanique!* auxquelles il suffit de donner leur véritable rôle dans la société, par un établissement rationel des intérêts.

Ne les considérer toutes deux, en effet, que comme une spéculation de l'esprit, un développement de la production, voire même un soulagement aux efforts de l'homme, ne serait que les entrevoir sous leur plus minime aspect.

— Voyons plutôt!

II.

La nature a si parcimonieusement doté l'homme sous le rapport physique, relativement à ses besoins illimités et à sa défense en face des périls de tout genre qui le menacent; qu'on se demande comment il a pu, aux premiers jours de son apparition sur notre globe, vivre et se soustraire aux dangers qui l'entouraient.

A l'inverse des animaux, il n'a ni plumes, ni

toison pour se garantir des intempéries ; aucun moyen naturel de se procurer la nourriture variée qui lui est nécesaire; ni griffes, ni dents pour sa défense; ni ailes, ni pieds agiles pour échapper à ses ennemis.

Il a pour compensation, il est vrai, l'intelligence, et surtout l'esprit de société, qui centuplent les forces; mais sous l'influence des conditions difficiles qui viennent d'être dites, et dès les premiers groupes d'êtres humains, l'ÉGOÏSME dut être la *souveraine* loi; par la raison que les exigences du *vivre*, la conservation de l'existence sans cesse menacée, devaient absorber toute autre tendance : l'*équité*, la *solidarité :* besoins moraux qui ne peuvent entrer en fonction, qu'après la satisfaction du premier de tous les besoins, la *sécurité personnelle*.

De cette nécessité de la défense et de la difficulté de l'existence commune, naquit la prédominance du fort sur le faible, du plus habile sur l'ignorant. Le premier dit au second : « Je te protégerai, mais tu travailleras pour moi; je te dirigerai et tu exécuteras. » — Et l'égoïsme se hâta de transformer cette prédominance en institution, comme nous le voyons en semblables circonstances à toutes les époques de l'histoire, et comme nous le verrons tant que l'*entente collective* n'aura pas déterminé le rôle de chacun selon ses aptitudes, et n'aura pas donné tout essor au *sentiment de solidarité*.

Telle a dû être l'origine de l'ESCLAVAGE, de cette propriété de l'homme par l'homme que nous trouvons constituée à l'état de *principe social* dans la civilisation antique ; absolument comme nous voyons encore de nos jours le *capital*, base de production indispensable à tous, détenu par quelques individualités, et cet état de chose érigé en *droit*.

Aux uns étaient dévolus la conduite et la gestion des intérêts publics, les biens, les loisirs de l'esprit ; aux autres, le labeur matériel, incessant, continu ; non pas selon les aptitudes, c'eût été presque un état normal, mais au hasard de la naissance, selon la classe où les hommes étaient arbitrairement parqués. — D'où provint la persistance de cette iniquité sociale, de cette inégalité choquante qui se poursuit jusqu'à nous ? — De ce que le labeur matériel, réduit à la seule action de l'homme, absorbait toute sa vie, toutes ses tendances intellectuelles et morales, et révoltait par conséquent ses meilleurs instincts : que toute son ambition était de s'y soustraire, et qu'il fallait y être réduit par la décrépitude ou par la force pour y consentir. Car il rabaissait le travail au rôle de la brute traînant son fardeau sous le fouet du maître !

— *Volvere molam !* Tourner la meule, faire l'office de machine ou de bête de somme, était, chez les Grecs et chez les Romains, le dernier degré de l'échelle sociale, la peine infamante.

Des instruments mieux entendus, l'utilisation des animaux, un commencement d'outillage mécanique : le manége, la roue hydraulique : enlaissant un rôle plus actif à l'esprit ont exhaussé l'action infime du travail. Ils ont parconséquent élevé le niveau de la dignité humaine et rapproché les fonctions ; non pas seulement en remplaçant la force employée, mais en la multipliant et en créant une plus grande sécurité de l'existence. Partant, en ouvrant la voie à la justice, à la solidarité, et en abaissant d'un degré la servitude ; c'est-à-dire en remplaçant l'*esclavage* par le *servage*.

Un pas immense s'est accompli depuis, encore : car avec la diffusion des lumières, avec l'action collective de plus en plus grande des intelligences, les progrès de l'humanité croissent en progression géométrique. La *machine humaine*, le travail abrupte, est ou peut être dorénavant remplacé par la mécanique ; voire même avec une telle supériorité, en multipliant à un si haut degré la puissance d'action, qu'on peut dire sans exagération, que toute l'humanité rassemblée ne suffirait pas, aujourd'hui, à donner la somme des forces produites par la science, par la mécanique.

La force matérielle de l'humanité a donc doublé pour le moins ; et l'esclave, dont Platon avait besoin pour affranchir du labeur forcé les citoyens de sa République, n'a plus de raison d'être : c'est la machine qui remplit ce rôle et avec une telle énergie que la sécurité du *vivre* est assurée, que le bien-être le sera demain par son emploi rationnel ; et qu'il ne s'agit plus que de procéder à l'*équitable répartition* : c'est-à-dire de donner un libre essor à la *loi de justice*, et à la *solidarité*.

La preuve palpable en est dans les faits : c'est qu'aujourd'hui nous sommes tous Citoyens et que l'Égalité commence. — Et c'est ainsi que s'explique également la recherche perpétuelle du développement de l'Instruction, des facilités de communication, des moyens de production, qui n'a pas simplement en vue, comme on veut bien le dire, la seule satisfaction des appétits matériels, mais bien le progrès de la Moralité dans sa plus haute expression, la *Justice sociale*.

Voilà donc la Loi de l'humanité dégagée de ses obscurités : c'est la marche ascendante vers la Justice absolue, vers l'Égalité entre les hommes ; ou la décroissance constante du labeur forcé, de la servitude sous toutes ses formes.

III.

C'est dans ces conditions nouvelles et, certes, avec toute logique, que se présente la Revendication du Travail contre la séquestration du *fonds commun :* séquestration dont la cause et les motifs vont sans cesse en diminuant et qui devient nuisible, à l'inverse, à l'ensemble des intérêts, par la parcimonie avec laquelle le détenteur individuel dispense le Capital, et par l'action restrictive qu'il exerce sur l'essor de l'activité générale.

Pour s'en convaincre, il suffit de jeter un coup d'œil sur l'emploi de la machine dans notre ordre Économique.

La mécanique, qu'on peut regarder, dès à présent, comme la base du Travail, puisqu'elle représente une puissance illimitée en face de la force restreinte de l'homme; détenue, aujourd'hui, par l'élément qui prédomine, le *Capital*, est d'autant plus une cause d'oppression pour les deux autres éléments qu'elle augmente davantage la puissance du premier.

En effet, elle lui permet, en quelque sorte, de se passer de leur concours; ou tout au moins, elle limite la main-d'œuvre, elle diminue la concurrence dans la demande, et met le Travail de plus en plus à la merci du Capital.

Aussi le premier mouvement des Travailleurs, aux jours où ils ont eu la liberté d'action, a-t-il été de se ruer sur la machine, comme sur leur plus mortel ennemi ! — Sans aucun doute, au point de vue général, ils avaient tort ; car ils agissaient envers tous comme le Capital à leur égard, ils restreignaient le vivre. Mais au point de vue égoïste, ils avaient raison ; car sans cet instrument d'action, leur concours eût été plus nécessaire, mieux rétribué, et il y aurait eu du pain pour eux et pour les leurs.

C'est en se plaçant à ce point actuel de la question, que Proudhon a pu dire que la machine était une cause d'asservissement pour le Travail. Mais s'il avait poursuivi son analyse, s'il s'était rendu un compte exact de cette application de l'intelligence humaine aux besoins de la vie, il aurait conclu bien différemment, à savoir : que le machine est le symbole de la *Justice* et de la *Liberté ;* puisqu'elle remplace, et plus! multiplie l'action de l'homme, garantit son existence, et assure sa prospérité ; — qu'elle n'est cause d'asservissement que par son mauvais emploi économique, que par le surcroît de prédominance qu'elle apporte, en ce moment, au Capital qui l'exploite à son seul profit.

Supposons que dix artisans, dans des conditions analogues, exercent la même industrie dans une même contrée. Il n'y aura de suprématie entre eux que celle de l'activité et de l'habileté dévolues à chacun d'eux. — Mais si l'un d'eux vient à posséder une machine qui décuple sa production, il en résultera forcément que produisant à meilleur marché, il accaparera la clientèle et ruinera ses neuf concurrents. — *C'est son droit*, dira-t-on ! — Alors le droit individuel est plus fort que le droit général, puisque la prospérité d'un seul peut faire la ruine de tous ! — C'est, du reste, l'histoire de la grande industrie qui, chaque jour, s'en va croquant la petite. Là où il y avait dix usiniers, il n'y a plus qu'un seul et vaste établissement. — Sans doute, c'est une économie de ressort ; mais au bénéfice de quelques-uns, et la liberté du travail en a diminué d'autant : l'ouvrier-pâtron est redevenu simple manœuvre !

— Eh bien, non ! Ce n'est pas une droite voie, *ce n'est pas le Droit !* — Car le droit individuel a pour limite le droit équivalent du semblable, c'est-à-dire le Droit général. Et en procédant des ressources personnelles, un ordre économique marche à l'inverse des données de la nature qui n'a établi d'autre degré entre les hommes que le développement des facultés, l'activité et l'habileté. C'est un état économique encore dans les langes, contraire à tout sentiment de fraternité, et que la Justice non moins que le bon sens doivent s'efforcer de transformer.

— Mais, comment?...

Supposons, maintenant, que les dix artisans dont il vient d'être parlé soient réunis, associés entre eux, et achètent à frais communs, ce qui leur sera plus facile, la machine en question. — Quelle que soit la Production, aucun ne sera lésé : si le débouché est illimité, avec la collectivité des efforts, ils produiront beaucoup et tous seront en prospérité; si le débouché est restreint, ils vivront comme avant, avec le temps en plus que la machine aura épargné, c'est-à-dire avec le loisir de vaquer à d'autres soins.

— La *Collectivité* est donc bien l'expression du *Droit général;* et la *Mécanique*, dans cet ordre économique, devient la *Liberté*, puisqu'elle facilite le vivre, et fonde le bien-être, le loisir. —

Mais encore, ce groupe de dix artisans jouerait, à l'égard des groupes voisins, le même rôle que le Fabricant isolé, dans la première hypothèse. Il pourrait les entraver ou être entravé par eux dans l'exercice de son industrie, par l'emploi d'un outillage plus puissant ou par toute autre cause; et le Droit général aurait encore à en souffrir. — Donc l'outillage, la machine de même que la matière première, détenus par un ou par plusieurs, sont contraire au *Droit :* donc ils ne peuvent être que Capital collectif ou Fond commun ; et la *Collectivité de toutes les Industries* s'impose aussi bien par l'organisation du Travail que par celle de la Production.

— De quelque côté que nous dirigions l'analyse, nous arrivons aux mêmes conséquences.

IV.

L'instrument et la matière première devenant *Fonds commun* accessible à tous, où serait l'asservissement d'un élément par l'autre, la prédominance d'une classe sur l'autre ? — C'est donc là *l'égalité sociale*, vers laquelle s'achemine chaque jour l'humanité.

En second lieu, à quelle limite s'arrêterait la prospérité ? Car dès lors, l'intelligence humaine formulée par le concours actif de tous, et libre des entraves que lui apportent les convenances, la pénurie individuelles, entrerait à pleines voiles dans tout son essor d'activité et enfanterait tous les moyens de multiplier la Production en diminuant d'autant le labeur de l'homme.

Dans ces conditions et d'après les preuves matérielles que nous avons chaque jour sous les yeux dans l'état incohérent où nous vivons, il ne peut être illusoire d'entrevoir la *sécurité du vivre* assurée, le *sentiment de la justice* et de la *solidarité* se développer dans les esprits, le *niveau social* s'élever, et les classes actuelles se confondre dans la véritable fonction de l'homme, être intelligent et doué de raison, de diriger les forces de la nature, de régir le globe notre commun patrimoine.

La vanité humaine, trop confiante dans les efforts réalisés, est portée à croire qu'ils sont la fin dernière du Progrès, et qu'après le degré de civilisation qui est atteint, l'humanité n'a plus qu'à rétrograder. Mais la perspective que la raison vient de dérouler à nos yeux est bien loin de cette pensée et nous montre une voie nouvelle de concorde, d'harmonie, de *Justice*, plus immense que toute celle parcourue jusqu'à ce jour. — C'est l'ère de la SCIENCE sous toutes ses faces, sociale, mathématique, naturelle, morale ; qui désormais régissant le monde et possédant deux leviers puissants, la liberté de la pensée et la rapidité des communications ; c'est-à-dire la *collectivité* de plus en plus grande des intelligences ; marchera d'un pas rapide dans la voie du Progrès. De telle sorte que nos arrière-neveux riront de nos folles ou mesquines préoccupations, que leur portera l'histoire, comme nous rions de la queue du chien d'Alcibiade qui fit la fortune politique du maître, comme nous rions des sottes niaiserie du *Droit féodal.*

En veut-on un exemple ?

Il y a plus de deux siècles que toutes les têtes politiques parlent, écrivent, discutent et controversent sur l'EQUILIBRE EUROPÉEN ! à savoir : sur la pondération des différents États qui divisent cette partie du globe, de manière que les ambitions particulières de chacun d'eux soient contenues et que les nations vivent en paix entre elles. — C'est sans doute pourquoi elles sont perpétuellement en guerre ! — Car on se demande où peut être cet équilibre. — Les États alternativement s'élèvent ou s'abaissent; aujourd'hui celui-ci est faible, demain il sera puissant : où sont donc les éléments de stabilité ?

Combien il serait plus sage de constituer tout d'abord les nations dans leurs conditions économiques, qui ont pour but la satisfaction et la prospérité de tous les citoyens, et non pas une vaine prépondérance nationale. L'Équilibre viendra de soi alors, car on se dira que ce n'est pas l'étendue qui fait la prospérité d'une nation, mais bien la constitution de ses intérêts intérieurs et leur développement national.

Et alors sera réalisable l'idée nouvelle et plus judicieuse des ÉTATS-UNIS D'EUROPE; véritable loi de l'Équilibre, qui fera de toutes les nations d'un même degré de civilisation un immense peuple, prêt à donner la main à tous les peuples de la Terre, non pour les exploiter par des traités de commerce, mais pour les seconder dans leur voie et étendre la puissance d'action générale.

V.

Pour terminer cette étude de la Mécanique comme agent de la production, voyons encore quel est son rôle dans l'agriculture actuelle et quel il doit être.

Avec la division illimitée du sol, nous sommes forcés de reconnaître que l'emploi de la Mécanique y est impossible, parce que la pénurie des ressources n'en permet pas l'acquisition au petit agriculteur, que l'intérêt du Capital dépensé serait sans rapport avec la Production dans une exploitation bornée, et que les intérêts voisins et contraires y seraient un perpétuel obstacle. Car c'est à peine si l'outillage perfectionné qui économise le travail, y trouve un accès lent et restreint. Et remarquons bien que ce n'est pas la science qui est en retard. Les magasins de nombre d'habiles constructeurs regorgent d'instruments et de machines des plus utiles qui n'ont que bien peu d'écoulement, car cette industrie périclite.

Mais quant aux grandes Machines, à la vapeur, qui répandent aujourd'hui leur puissance d'action sur l'Industrie, c'est à peine si elles sont connues dans notre agriculture. Tout ce qui se construit en ce genre, en Angleterre, en Amérique, en France, est expédié dans les contrées sauvages, dans les déserts, dans les steppes : Dans nos pays civilisés, elles sont sans emploi.

Sans leur aide, cependant, les grands travaux, l'installation sérieuse du sol, les défrichements, les affouillements, les assainissements, même les simples labeurs profonds qui augmentent la couche végétale et la renouvellent, sont impossibles ou onéreux.

C'est ainsi que le *labourage à vapeur*, dont les appareils, aujourd'hui en pleine activité, donnent déjà une économie notable sur le travail des animaux, et de plus une promptitude d'exécution on ne peut plus précieuse, parce que ce travail a toujours besoin d'être fait dans le temps le plus propice ; c'est ainsi, dis-je, que ce mode puissant et rapide est à peu près inconnu dans notre petite agriculture. Peut-être pourrait-on l'y introduire par l'industrie privée, à l'instar des machines à battre qui circulent de ferme en ferme ; mais là encore, l'exiguïté des parcelles et le mélange des cultures y apporteraient de grandes difficultés.

Pendant ce temps, voici ce qui se passe en pleine contrée sauvage, en Amérique, en Australie, dans les steppes de la Russie ; partout où de vastes étendues de terrains sont réunies entre les mains d'hommes entreprenants et qui savent économiser le travail, en mettant à profit celui de la science.

Lorsque les blés sont à point pour la récolte, on amène les *moissonneuses mécaniques* : deux chevaux et un conducteur sur son siége les dirigent, et chaque moissonneuse tranche sur son parcours une ligne de trois mètres de largeur. Il y a loin de là à l'humble faucille traditionnelle et même à la faux que toutes nos provinces n'ont pas encore adoptée.

Lorsque le blé a achevé sa maturité en javelle, arrive la *batteuse à vapeur*. Le grain battu, trié, criblé, tombe d'un côté dans les sacs, et de l'autre la paille, élevée par un plan continu, n'a plus besoin que d'être tassée pour être rangée en meule.

Durant ce temps les animaux voiturent les gerbes au battoir et rentrent le grain à la ferme. Les hommes dirigent bêtes et machines : là est leur rôle.

Le battage achevé, la machine à vapeur se

transforme en charrue, soit pour ouvrir un nouveau sillon, soit pour retourner le chaume et fructifier la terre sous l'influence atmosphérique.

Puis en attendant les labours de l'automne et du printemps, la vapeur est employée à tous les besoins industriels et domestiques d'une grande exploitation : la meunerie, la manutention, les sciages, les hachages, voire même à élever les eaux, là où elles manquent pour les irrigations ; car elle ne doit jamais chômer.

Cette organisation a si peu de rapport avec la réalité que nous avons chaque jour sous les yeux dans notre pauvre agriculture, que nous serions tentés de voir dans cette description une fable de romancier, si les preuves de conviction ne se trouvaient dans tous les ateliers de construction d'instruments agricoles, et ne se montraient en fonction dans toutes les Expositions publiques. — Les agronomes éclairés, disent : C'est bien beau, en effet ; mais nous ne pouvons y prétendre avec nos faibles ressources. — Quant aux théoriciens, ils semblent faire contre mauvaise fortune bon cœur, et tiennent un langage analogue à celui du renard à l'égard des raisins qu'il ne peut atteindre. Avec la vapeur, disent-ils, l'emploi des bestiaux devient inutile, et sans bestiaux pas d'engrais. D'autre part, et ce qui est d'une grande importance en Économie rurale, en employant aux travaux des animaux encore dans la période d'accroissement, la plus-value qu'ils acquièrent chaque jour pour le marché, jointe à l'engrais qu'ils fournissent, représente pour le moins les frais de nourriture et vous avez ainsi une force purement gratuite; tandis que la vapeur exige du combustible qu'il faut chèrement payer.

Honorables Théoriciens! voici un raisonnement encore plus simple : Les bêtes de somme, l'outillage, coûtent des frais d'acquisition et d'entretien. Ne faisons pas double emploi, supprimons-les. L'homme gratera la terre avec ses mains ou avec une perche; il produira lui-même l'engrais, et lorsqu'il aura passé la période d'accroissement il servira de pâture aux autres. Ce sera plus économique!

Mais c'est de la sauvagerie! — D'accord! à peu près comme votre raisonnement. — Car le Progrès à son tour vous dit : Ce n'est pas la dépense qu'il faut envisager uniquement, mais son rapport avec la Production; et la vapeur n'est pas une superfétation en agriculture, c'est une force nouvelle qui lui fait défaut pour donner toute l'extension désirable à sa Production et pour diminuer les labeurs excessifs de l'agriculteur et de ses auxiliaires, les animaux. Car en admettant votre hypothèse d'une force gratuite, ce n'est pas en épuisant vos jeunes bêtes par une trop rude besogne que vous rendrez le bétail prospère; ou en absorbant toutes les facultés intellectuelles de l'homme dans le travail matériel que vous développerez son entendement.

Mais notre pénurie est si grande, nos ressources si modiques dans le *système individuel,* que toute puissance d'action, que toute idée logique et productive, dérangeant nos petits calculs, y fait peur, et qu'il faut des siècles pour qu'elle s'implante dans les esprits.

La *science* elle-même y est dénigrée !

Le Praticien la renie, sans songer que chaque jour, à chaque heure, il la met à profit; sans quoi il gratterait encore la terre avec un pieu.

Car la science, c'est l'expérience de ceux qui nous ont précédés et la prévoyance de ce que feront ceux qui nous suivront. — Cassiodore, un moine du VIe siècle, écrivait déjà de son temps : Qu'on perçait le diable d'autant de coups qu'on traçait de lettres sur le papier.

— Le diable ! c'est l'ignorance ! —

— La *Justice, la Liberté,* c'est la science, c'est la *Mécanique!* —

CHAPITRE VI.

Conclusion.

I.

Il serait tout à fait puéril d'aborder l'*Economie sociale;* c'est-à-dire, l'étude des rapports des Citoyens entre eux et des lois de leurs intérêts ; sans une entière indépendance d'esprit, sans accepter préalablement et d'une manière absolue, le *Principe de Justice:* la souveraine loi morale ; dans toute son intégralité, dans toutes ses conséquences : car toute dérogation aux principes de l'analyse pure ne donnerait qu'une solution fausse et propre à égarer la raison : c'est de même que si un chimiste décomposait un corps avec l'idée préconçue de n'y rencontrer que tels et tels éléments.

On dit, trop complaisamment, qu'il faut être prudent sur les questions d'ordre social et qu'il y a danger à ouvrir des perspectives qui ne sont pas immédiatement réalisables. — Il n'y a au fond de cette fausse prudence, que l'apathie qui ne veut rien chercher, rien apprendre, crainte d'en savoir trop et d'être forcé d'agir, et qui préfère s'abandonner au hasard. — Car, au temps de transition où nous vivons, entre un système social qui branle au manche, parce qu'il n'est plus compatible avec le développement des intelligences, des consciences, et un autre qui cherche sa voie pour être la réelle expression des besoins nouveaux : il faut cependant que les questions s'élucident clairement, et que les bases réelles des sociétés soient mises en lumière par la recherche consciencieuse, si on veut enfin sortir de la confusion, du dédale, dans lesquels nous tournons. — Les obscurités, les atermoiements, ne sont jamais une solution, et lorsque les hommes politiques préconisent la liberté, sans vouloir qu'elle se traduise dans les intérêts en souffrance par la revendication des droits lésés, ils sont, en vérité, ou bien naïfs ou bien coupables, car ils préparent à eux et à nous de tristes mécomptes. Absorbés par la seule question de forme gouvernementale, ils ne voient pas que tant que le *développement des forces* qu'a donné jusqu'ici la Liberté, ne sera pas suivi d'un mouvement corrélatif de *collectivité* des intérêts, il y aura manque d'équilibre et déni de justice, parce que tous nous ne participons pas également au surcroît de Production qu'il procure ;

et, qu'enfin de compte, la forme gouvernementale ne peut être qu'une déduction de l'établissement des intérêts eux-mêmes.

Croire donc qu'on tournera la difficulté ou qu'elle disparaîtra d'elle-même, serait une pure illusion. Le problème, comme une épée de Damoclès, reste en suspend : c'est la crise sociale qui menace perpétuellement notre vieille organisation, parce que la raison n'y pénètre pas assez vite et que l'inégalité y devient de plus en plus choquante par le fait du développement de l'idée de Justice. Et, à moins qu'on ne se contente de la maxime : *Après nous le Déluge* : il faut aviser à mieux qu'à des palliatifs ou à des répressions.

II.

Par suite du manque de notions économiques dans notre éducation publique, et, partant, du peu d'habitude que nous avons de considérer les faits sociaux dans leur généralité ; les intérêts en dissidence perdent le temps à se jeter mutellement la pierre. Les Travailleurs récriminent contre le Capital ; les Capitalistes accusent l'impatience des Travailleurs ; et les uns et les autres usent leur action à se faire la guerre.

A quoi bon ces récriminations !

D'une part, on aurait beau changer les détenteurs, que les rapports entre le Capital et le Travail resteraient les mêmes ; d'autre part, le Capital ne doit plus songer à museler les intérêts en souffrance, par ce temps de libre appréciation.

Les civilisations antérieures nous ont légué la situation telle quelle est, voilà le fait! — A nous de trouver mieux; car la théorie qui précède nous a fait voir qu'il n'avait pu en être différemment, tant que le développement de l'esprit humain n'avait pas conquis la *sécurité de l'existence* pour tous et la possibilité de l'*entente générale*; et qu'il n'en sera pas autrement, tant que l'INDIVIDUALISME régira le Monde; par la raison que les intérêts isolés sont sans puissance et que, groupés arbitrairement, ils engendrent forcément l'oppression. — Travaillons donc à les grouper d'une manière logique et rationnelle.

On pressent depuis longtemps que l'*Association*, en réunissant les forces et les intérêts sur le même pied d'égalité, et surtout en fondant entre eux l'Équitable Répartition, pourrait bien être la voie de solution.

Ce mode d'emploi de l'activité individuelle n'est pas une nouveauté dans l'Histoire. Le Moyen Age l'a pratiqué sur une vaste échelle, par la *Communauté religieuse* et par la *Corpora-*

tion de métier; mais on peut dire que l'Association n'était alors qu'à l'état d'embryon, parce que, dans le Monastère, elle ne pouvait avoir en vue que la sécurité de l'existence contre l'oppression de la *Souveraineté Individuelle* poussée à ses dernières limites, et l'espoir d'une juste Réparation dans un monde meilleur; dans la Corporation, que la résistance contre ce même abus de la force et contre la concurrence illimitée que le manque de débouchés aurait rendue désastreuse pour tous. Dans l'un et l'autre cas, elle ne pouvait avoir pour résultat que l'annihilation de la *Liberté individuelle,* sacrifiée à la Liberté d'action de tous; par la raison que la *Liberté publique* n'était pas encore née et que l'Association était le seul moyen de la récupérer tout au moins partiellement. A ce point que le monastère était un véritable suicide social, selon la fameuse formule des Jésuites : *Esto sicut ac cadaver! Sois individuellement comme un cadavre, sans autre volonté que l'idée commune!* —

Malgré cette condition d'abnégation absolue, incompatible avec toute dignité humaine, nous trouvons dans ces germes d'association un élément de force et de puissance dont la *Société de Jésus* est encore parmi nous un assez-beau spécimen, et qui prouve toute la valeur de la Collectivité d'action. Mais l'Association ayant à lutter de moins en moins aujourd'hui contre le *Pouvoir personnel*, par suite de la reconnaissance en droit et en fait de la *Souveraineté universelle* ; pouvant par conséquent donner libre cours à toutes les aspirations de Justice publique et privée, doit représenter une puissance d'autant plus considérable, et développer au plus haut degré les intérêts, la satisfaction, la Liberté de l'Individu comme du Citoyen.

— Qui pourrait, en effet, imaginer la puissance d'une nation marchant, comme un seul homme et d'un libre mouvement, dans la voie du Travail et de la Solidarité ?

III.

On ne saurait donc trop se rendre compte de ce mode de groupement des intérêts et des individus, et préciser sa portée, ainsi que sa fin économique.

Sous ce dernier rapport, les termes mêmes employés usuellement : *Coopération, Association, Collectivité* : forment une gradation qui peut donner d'utiles renseignements.

— *La Coopération*, terme nouveau, est le mouvement initial qui présente l'idée d'association sous le mode le plus simple, le plus immédiate.

ment réalisable dans l'état de nos mœurs et de notre constitution sociale ; par la division des opérations et leur groupement isolé au milieu de la divergence actuelle de nos intérêts : c'est ainsi que nous avons la Coopération de Production, de Consommation, de Crédit ; qui peut s'étendre à une foule d'autres besoins ayant le même caractère de généralité : le logement, le transport, la vente des produits, etc., etc.

— L'Association proprement dite vient ensuite et réunit plusieurs Coopérations pour en doter un même groupe d'individus, et multiplier leur puissance par l'économie d'action, ainsi que par l'essor collectif, dans une application plus générale.

— Enfin, l'Association comprenant tous les individus, tous les intérêts d'une même contrée, devient la Collectivité qui forme un système social, le *Collectivisme*, aussi distinct de *l'Individualisme* qui nous régit, que celui-ci diffère de la *Barbarie* qui l'a précédé ; c'est-à-dire, de la vie sauvage des peuplades errantes, sans lien commun, sans industrie, sans arts ni sciences, dans un état collectif nul ou des plus rudimentaires.

De telle sorte que, dans cet ordre d'idées, on pourrait spécifier les phases successives de l'humanité, selon le développement de l'action collective ou du principe de Justice, par ces mots : *Egoïsme, Individualisme, Collectivisme.*

IV.

La Collectivité, phase d'harmonie qui doit succéder à l'antagonisme actuel des intérêts, a pour première base cet axiome de la Raison : *Tous les hommes sont égaux !*

— Est-ce égaux en force physique, en force morale ? — Non ! — Égaux en droits et par suite en devoirs ; c'est-à-dire égaux devant le *droit de vivre*, devant le libre exercice de l'activité, devant le libre emploi du FONDS COMMUN, sous le régime de la Collectivité qui seul en permet la réalisation et sous la loi de l'Équitable Répartition : *A chacun selon ses œuvres et la solidarité pour tous !*

Telle est la formule de l'*Egalité sociale*, complément nécessaire de l'*Egalité civile.*

La première déduction qui en découle, c'est que tout bien-être nécessaire, toute éducation normale de l'enfance, qui ne sont point accessibles à tous dans un même milieu social, constituent un *Privilége* contraire au droit général parce qu'il crée une suprématie de classe nuisible à l'harmonie sociale, parce qu'il détermine une inégalité de développement dont nous avons particulièrement à nous plaindre dans ce temps d'égalité politique ; et qu'en définitive la société est privée, par ce manque d'organisation primordiale d'une saine notion de la Justice, ainsi que d'un nombre énorme de forces vouées d'avance à l'étiolement, à l'ignorance.

Remarquons, en passant, que l'inégalité individuelle dont on tient généralement un trop grand compte, n'a le plus souvent pour motif que l'inégalité de développement et de libre application des facultés ; car, hors des exceptions dont le nombre doit décroître de plus en plus dans de meilleures conditions morales et physiologiques, il serait présomptueux de dire que, dans la généralité, la somme des aptitudes ne s'équivaut pas.

— Les Crèches, les Salles d'asile, l'Instruction primaire de plus en plus accessible, sont, à notre temps, la reconnaissance de ce droit par la solidarité humaine ou par la charité publique, selon le terme usuel.

Ce droit du libre développement implique, comme on l'a vu, l'action collective ; car il n'y a que ce mode qui puisse garantir le complet emploi de toutes les forces et le droit des déshérités, des abandonnés, des faibles, des chétifs ; réduits, hors de là, au rôle de Parias.

Comme transition immédiate, il se traduit par

la revendication de l'éducation complète, gratuite et obligatoire, mais simplifiée et mieux appropriée aux besoins sociaux.

Le mot *obligatoire* semble froisser les susceptibilités libérales ; mais, en réalité, il représente le droit de l'enfant contre l'incurie ou la pénurie de ses parents ; il représente le droit et le devoir de la société qui ne peut admettre dans son sein un mélange de sauvages et de civilisés, et qui entend se sauvegarder de l'ignorance et de l'incapacité. Droit et devoir reconnus par la Loi actuelle qui confère à la société la charge de tutelle, en cas d'absence ou d'incapacité de la famille.

La libre application des facultés intellectuelles et physiques de tous nécessite, enfin, la libre et permanente disposition du Capital général qui ne peut être que *Fonds commun*. En effet, du moment où la matière première et l'instrument dont il est la représentation, ne sont pas la propriété de tous, le droit de vivre est restreint par l'intérêt individuel ; et l'intérêt public est paralysé dans son essor par le manque d'emploi ou d'organisation de toutes les forces virtuelles.

Cette négation formelle du droit privé à la propriété du Capital, soulève, il est vrai, l'esprit traditionnel de l'*Individualisme* et l'animadversion des détenteurs qui trouvent juste et suffisant d'être garantis eux-mêmes du droit de vivre ; mais l'abolition du *régime féodal*, autrement dit de la souveraineté individuelle, souleva, en 89, les mêmes récriminations ! — Plus encore, l'abolition de la propriété de l'homme par l'homme, la destruction de l'esclavage, a fait jeter feu et flammes par les détenteurs jusqu'à ces derniers temps ; et cependant nous sommes bien forcés de reconnaître que ce n'était là qu'une flagrante et horrible iniquité sociale.

Celui-là serait un fameux tyran qui séquestrerait le soleil de toute une contrée à son seul profit. — *Sol lucet omnibus!* Le soleil luit pour tous ! — Sans exagération, la chose eût été faite sous le règne de l'*Egoïsme*, si elle avait été possible ; car la détention de la Terre, du Capital, n'est pas plus logique. C'est le fonds commun, la substance première aussi indispensable à tous que la lumière qui nous éclaire. — Mais ce qui surpasse l'imagination, c'est qu'un homme ait pu dire : Cet homme, cette nation, ce pays sont à moi. *La France, c'est moi!!!...*

Il n'y a de propre à l'homme que la transformation, l'assimilation à son usage, qu'il a fait subir à la matière première, par son travail ou son industrie : que sa quote-part des fruits du travail !

Nous voyons donc que parce qu'une institution EST, il ne s'ensuit pas un *Droit positif*, un principe social ; il n'en peut résulter tout au plus qu'un *Droit relatif ;* par exemple, que la dépossession d'un ou de plusieurs serait un délit de Justice qui les priverait d'une chose acquise sous la loi commune : droit qui ne peut s'anéantir que par compensation ou extinction.

Toute institution peut donc être mise en question, suivant le degré de développement de la société : après l'Esclavage, le Servage, le Prolétariat, la Collectivité ; après le Pouvoir absolu d'un seul, la Féodalité, le Régime constitutionnel, la République ou Collectivité politique. Et dans le cas particulier de la propriété privée, tout le débat se résume à savoir : si dans les conditions sociales présentes il y a utilité de passer du *mobile individuel* au *mobile collectif*, comme mode de mise en valeur du FONDS COMMUN.

Mais, dès à présent, et lors même que nous devrions voir se renouveler l'histoire de Galilée affirmant la rotation de la Terre autour du Soleil, nous ne pouvons que répéter, analyse en main, que toute détention individuelle de la fortune publique est contraire à la Justice absolue, et plus : que la société en a conscience à son insu. Je n'en veux pour preuves :

— Que les *Droits de succession et de mutation* qui ne seraient qu'une affreuse spoliation, s'ils n'étaient, en fait, une restriction, sinon une extinction graduelle de la propriété privée. Car si nous supposions ces droits perçus en nature ; c'est-à-dire par une part du fonds lui-même et non par une valeur conventionnelle, la Monnaie; il est évident qu'après un certain nombre de générations et de transmissions, le Capital tout entier aurait fait retour à la société. Ainsi, les droits de succession seuls étant en moyenne de 6 pour 100 ou de la 17e partie du Capital ; il en résulte que dans l'ensemble, sur 17 successions l'État en récupère une et qu'après 17 générations le Capital général serait rentré dans ses mains.

— Que *les Impôts et les Taxes* proportionnels au Capital qui ne sont qu'une portion de la part du Fonds commun dans la Répartition, identique aux redevances dont le Droit Féodal frappait les propriétés concédées par le suzerain. Car s'ils n'étaient que la part contributive de chaque Citoyen aux charges de l'État, le Riche ne serait-il pas en droit de dire : « Qu'importe, après tout, si par mon industrie ou celle de ceux qui m'ont précédé, j'ai amassé plus que l'indolent ou le maladroit. » — Mais c'est le fonds qui paie et non pas l'individu.

— Que l'*Expropriation* pour cause d'utilité publique qui prime la propriété individuelle, et la Loi plus récente des *syndicats* qui dispose des parcelles du sol pour la plus-value de l'ensemble.

— Que la *Loi des chemins de fer* qui limite à quatre-vingt-dix-neuf ans cette propriété, construite et payée par les détenteurs actuels.

— Que l'abolition, enfin, au nom de l'égalité des membres de la famille, du *Droit d'aînesse* qui était bien, par excellence, la constitution de la propriété individuelle et exclusive.

L'Égalité des hommes, les membres de la grande famille humaine, réclame à son tour la part de tous dans l'héritage commun.

Elle résume, en ce moment, sa revendication par le *Droit au Travail* ou le droit de vivre pour chacun en appliquant les deux facultés actives. Mais comment constituer ce droit pour tous, sans la libre disposition du Fonds commun, sans l'action Collective qui seule représente et formule le droit général ?

Nous pouvons donc dire, en résumant tout ce qui a été émis précédemment, que le *mobile collectif* constitue le progrès des sociétés ; qu'une évolution considérable dans ce sens est nécessaire pour donner satisfaction à la majorité des intérêts ; qu'elle se pressent dans toutes nos tendances, dans toutes nos institutions, et qu'en définitive la Collectivité s'impose scientifiquement :

— Par le *fait social* lui-même.

— Par le *Droit de vivre* pour tous.

— Par l'*Égalité* entre les membres de la famille humaine.

— Par l'*utilisation* de toutes les forces.

— Par l'*intérêt général.*

— Par la *Justice.*

— Par la *Conscience.*

V.

Prenant à partie l'idée nouvelle de la Collectivité, je devais en poser la raison d'être sous toutes ses faces et en déduire, avec toute indépendance d'esprit, la conclusion : le *Fonds commun.*

C'est après cette analyse, et alors seulement, qu'en toute connaissance de cause nous pouvons comprendre la nécessité d'une transformation raisonnée, sans hâte comme sans retour en arrière ; car il s'agit de grouper, de simplifier les ressorts de la Production; de substituer dans l'organisation générale l'ordre rationnel au hasard de l'initiative individuelle, et ce n'est pas une ou plusieurs individualités qui peuvent en tracer la voie, mais bien la société tout entière qui, sous une conviction nouvelle, modifiera successivement ses mœurs, ses tendances, ses intérêts, ce qui ne peut être l'affaire d'un jour.

Un pas considérable, dans le sens de la Collectivité politique, a été fait depuis 89, qui a renversé le privilége du *Pouvoir personnel*, et partant l'esprit de caste qui divisait d'autant les membres d'une même nation. La réconciliation, bon gré mal gré, s'élabore chaque jour dans les esprits; et, dès 1848, l'illustre historien Michelet, après avoir scruté toute sa vie la philosophie de l'histoire, s'écriait, en s'adressant à la jeunesse : « *Rapprochez-vous du peuple; là est l'avenir!* » le peuple, en langage économique, c'est le Travail.

Ajoutons, pour rapprocher à notre tour les Impatients et les Rétrogrades, qu'à notre époque les idées vont vite avec le véhicule puissant des communications de toutes sortes, rapides et incessantes. La réforme de l'ordre économique actuel, en face des besoins croissants et de la faiblesse de l'action privée, est dorénavant formulée dans les esprits et ne peut tarder à se traduire dans les faits. Je n'en voudrais pour témoignage que ce livre, qui n'est autre que la constatation et l'analyse des tendances présentes.

Rien n'y a été inventé : pas plus le but, *la Collectivité*, que la transition. Celle-ci, comme il a été dit, s'est faite dans ces dernières années plus simple et plus pratique. — Par la *Coopération*, c'est-à-dire, par la Collectivité d'un intérêt isolé quel qu'il soit, elle a trouvé le joint pour entrer dans nos mœurs et s'ancrer dans les esprits. Forcément ces derniers ne tarderont pas à comprendre l'économie de ressort qui naît de l'union des forces et des intérêts, et réagiront à leur tour contre l'intérêt individuel, qui sentira que son règne est passé et que sa puissance était aussi illusoire en Économie sociale qu'en Politique.

L'*association* devenant générale, groupera elle-même le Capital et rendra sa transformation en Fonds commun tellement simple, que cette révolution apportera moins de trouble dans les intérêts que la loi qui les régit actuellement.

Cette loi vient de nous en indiquer elle-même le moyen.

Supposons, en effet, que tout le Capital soit représenté par des actions de sociétés collectives, et que les *Droits de mutations, de successions* soient perçus par une part de ces actions ; il est bien certain que peu à peu tout le Capital rentrera dans les mains de la société, avec moins de gêne, d'une façon moins lourde que ne l'est le prélèvement des taxes actuelles, exigées à bref délai, en valeur monétaire, et sans tenir compte de l'actif et du passif du détenteur.

Corrélativement, toute reconstruction de la propriété individuelle ira en s'amoindrissant, par la raison que la société, récupérant de plus en plus le Capital général, prendra part à la Répartition au prorata du rôle de cet élément dans la Production, et qu'à l'aide de cette ressource immense elle pourvoira à tous les besoins de l'organisation sociale, sans qu'il lui soit nécessaire d'avoir recours au Capital individuel. — l'Impôt, par ce fait, ne sera plus une part restreinte de la rente du Capital dont on cherche par tous les moyens à augmenter la quotité ; mais bien la rente tout entière, la part du Capital dans la Répartition ; larges ressources destinées à toutes les institutions d'intérêt public et au développement illimité de la production. Car, quelles que soient les critiques qu'on peut adresser à nos budgets toujours croissants, y compris bien entendu leur emploi plus ou moins judicieux qui n'est que trop souvent la dilapidation, il faut bien reconnaître qu'ils sont toujours au-dessous des besoins les plus urgents, alors même qu'ils sont une gêne et une entrave à la prospérité publique.

— Mais alors, dira-t-on, que deviendra l'épargne individuelle ?

On pourrait se contenter de répondre : elle deviendra ce qu'elle pourra ; mais elle ne se constituera pas en Capital individuel, qui n'aurait plus d'emploi et qui serait de nouveau une contradiction flagrante avec le Droit général. De telle sorte que, s'il y avait lieu de refaire des *Commandements* à l'instar de ceux de Moïse, il faudrait écrire en tête : *Tu ne Capitaliseras point !*

Mais il faut des raisons plus probantes ; car tout intérêt, même transitoire, doit être élucidé.

Sans entrer, sur la nature humaine, dans des considérations étrangères pour le moment au point de vue purement économique dont il est question, on peut dire que la sécurité du *vivre* étant établie, parce qu'à tout instant l'individu pourra appliquer ses facultés et en recueillir les résultats ; tous jouiront en paix des fruits de leur travail, sans crainte du lendemain, sans nécessité de thésauriser pour eux et pour les leurs, et feront jouir de leur superflu ceux qui les entourent, particulièrement les moins doués, en vertu de la *Solidarité* en plein essor d'activité : car il serait étrange, monstrueux, au milieu de l'Harmonie générale des Lois de la nature, que la puissance d'action n'ait dans l'homme aucun but détérminé, soit de besoins matériels, soit de propulsions morales corrélatives.

Ainsi sera rayé de la nomenclature des péchés Capitaux, l'*Avarice* qui, pas plus que ses congénères, n'a de raison d'être dans une organisation normale; et supprimer le péché vaut bien assurément la Rémission Catholique qui atténue peut-être par la peur du Diable ou autre Croquemitaine, mais qui ne supprime rien du tout et n'a jamais rien supprimé.

VI

Faut-il maintenant jeter un coup-d'œil sur les résultats généraux et particuliers de la Collectivité!

C'est dans l'ordre général, en premier lieu: la disparition de toute cause d'hostilité, d'antagonisme entre les intérêts et par suite entre les hommes; parce que toute prédominance non motivée ne pourra se produire, que tous jouiront de la même sécurité d'existence et de bien-être proportionnée à leur action ; c'est en second lieu l'utilisation de toutes les forces actives, la combinaison raisonnée de tous les efforts. — C'est, enfin, la libre expansion des Intelligences dans la recherche des lois de la nature et de leurs applications pour la plus grande somme de prospérité, pour le plus grand développement de la *Justice* et de la *Solidarité*.

Au point de vue privé, c'est la plus complète réalisation de l'aspiration humaine : la sécurité du vivre, la libre application de l'activité, la *Liberté!*

L'homme le plus prospère de nos jours tremble perpétuellement pour ses intérêts livrés à l'incertitude, à toutes les convoitises, et dont rien ne lui garantit la fixité ; car il sait qu'au delà il retombera dans la pénurie et la vie précaire du Travail.

Donc, élever celle-ci et la constituer en fonction sociale, est un calcul de prévoyance ; puisqu'elle est la fin dernière de toutes les opulences passagères.

Cette appréhension du travail matériel, exclusif, abrutissant, ressort mieux encore du fait caractéristique de la répulsion des femmes de la Bourgeoisie pour tout mouvement Politique ou Social qui peut mettre en question leur situation personnelle. Douées d'un cœur sensible et bon, les femmes devraient être, cependant, plus accessibles à tous les sentiments de Justice et de Solidarité ; mais, lorsqu'une fois elles ont échappé au labeur forcé que la nécessité impose à tous ceux qui n'ont pas des moyens d'existence assurés, elles tremblent d'y revenir et se cramponnent d'autant aux institutions qui doivent maintenir leur position. Faites pour charmer la vie, pour l'entourer de soins et de joies, elles sont la preuve vivante, par leur prompte décrépitude dans la vie de fatigue, que le travail forcé, continu, n'est pas le partage de l'humanité, ou du moins son seul rôle; et qu'elle doit se décharger de cette tâche sur les animaux, ses auxiliaires naturels, et surtout sur les forces de la nature asservies par son intelligence.

Si je voulais reprendre la tradition Chrétienne qui a cherché l'explication de cette protestation constante de l'humanité contre l'abus du travail matériel ; sans m'arrêter au *Péché originel*, qui aurait besoin lui-même d'une explication préalable, je dirais que cette revendication perpétuelle est une indication précise du but à poursuivre dans le développement de l'humanité, et que le remède en est précisément dans la *Science*, dans l'organisation et la multiplication des forces, qui seules délivreront l'homme de cette nécessité de gagner son pain à la sueur de son front et de vivre dans la peine et le labeur. Là est le Messie que les Juifs attendent encore, non sans motif; car il est à venir! — C'est l'organisation sociale, ou le règne de la Justice.

En fin de compte, de cette revendication contre le labeur forcé, rebutant, il ne faudrait pas conclure que la fin de l'homme sur la terre est la vie inactive. La preuve en est dans l'ennui auquel est soumis l'homme de loisir, qui, par manque d'habitude ou par les convenances de sa position, ne peut employer son activité à un but utile et selon ses penchants. C'est que l'homme est doué de facultés dont l'exercice est non-seulement un besoin ; mais, selon la loi de la nature, une réelle satisfaction. — Aussi bien, toute action a sa limite ; et la société actuelle, en surchargeant le labeur matériel, en l'isolant en fonction exclusive et permanente, fait un faux calcul économique ; car elle entrave le développement moral et intellectuel du plus grand nombre, elle paralyse l'élan qui rend l'effort facile, elle dévoloppe la répugnance et l'inconduite qui en est la suite ; elle maintient, enfin, la division du loisir et du travail, de l'esclave et du maître.

Le Travail en formule aujourd'hui l'abus, en réclamant la diminution des heures de la journée. — Il n'est pas logique, en effet, qu'un *Citoyen* n'ait pas un moment à lui, pour vaquer à d'autres soins qu'à ceux de son métier ; et par cette pression constante sur la somme des forces possibles à l'homme, on atrophie son intelligence, le ressort de son activité.

Le Principe aveugle de l'*autorité*, qui a régi jusqu'à ce jour les sociétés, a fait son temps et doit dorénavant s'incliner devant la raison et l'intérêt direct de tous, seuls mobiles d'hommes civilisés, d'hommes suffisamment développés en intelligence pour s'entendre les uns les autres et juger de leurs intérêts.

Ce n'est pas évidemment sans oscillations et sans tiraillements que l'*Ordre Rationnel* succédera à l'*Ordre Aléatoire ;* car il faut qu'il soit nettement formulé dans l'opinion publique; mais le temps est passé où les hommes accepteront sans conteste une loi qui n'a plus raison d'être ; et, s'il y a une moralité à tirer de l'histoire, c'est que les révolutions violentes n'ont jamais eu d'autres causes que les résistances systématiques à la juste revendication des principes de Justice.

VII

Comme conséquence de toutes les considérations qui précèdent, il est bien permis de conclure que l'*Ordre Économique* laisse plus encore à désirer que l'*Ordre Politique*, en ce que celui-ci a déjà obtenu une première satisfaction, la reconnaissance en fait de la SOUVERAINETÉ NATIONALE, c'est-à-dire la *Collectivité Politique* : tandis qu'aucun droit analogue n'est encore formulé en Économie sociale, à savoir : que l'équivalent de la souveraineté collective, le FONDS COMMUN ou *Collectivité Économique*, est encore tout à fonder.

Il va sans dire que ce n'est pas le *Régime autoritaire*, sous quelque forme gouvernementale qu'il s'abrite : Monarchique, Constitutionnelle, voire même Républicaine : qui secondera le mouvement Collectif : il en est l'antipode, puisqu'il représente l'*Individualisme* dans toute son essence. — La *Démocratie*, conséquence logique de la Souveraineté nationale, seule, garantit ce mouvement ; et il lui est à elle-même indispensable de se bien pénétrer de la raison d'être de ce principe fondamental et des moyens de lui donner tout son essor ; sans quoi son propre développement serait sans cesse entravé. Car un gouvernement quel qu'il soit est l'expression des mœurs d'un peuple, et il importe, dans un gouvernement démocratique, de constituer l'indépendance des Citoyens, de les affranchir de toute oppression : autrement, habitués à être gérés ou à gérer autocratiquement dans leurs propres intérêts, quoi d'étonnant qu'ils courbent le front devant l'oppression d'une gestion arbitraire, qu'ils en proclament même l'excellence, si dans l'instant présent elle leur paraît mieux faire leurs affaires ; et qu'en l'absence d'une sérieuse organisation, tout audacieux, favorisé par les dissensions qu'il aura fait naître, ne s'empare de la chose publique, se proclame même *Sauveur de la Patrie ;* parce qu'il aura fait taire, par la force, les justes réclamations contre un ordre mal établi.

On est donc conduit, en dernier lieu, à examiner quelle doit être l'action du Gouvernement Démocratique sur la marche de l'idée collective.

Comme il s'agit ici d'une transformation dans les intérêts privés, et par suite d'un changement dans les rapports sociaux, dans les usages, dans les mœurs d'une Nation, c'est à l'initiative des Citoyens à commencer et à poursuivre la transformation. Il importe donc de laisser à cette initiative toute latitude de se produire, premièrement dans l'Ordre Politique par la reconnaissance pleine et entière du *Droit de Réunion*, du droit de s'entendre, de se grouper ; incompatibles, il est très-vrai, avec l'*autoritarisme* dont il mettrait constamment l'existence en question ; mais base essentielle de toute Démocratie, comme nous le voyons par l'exercice du Suffrage Universel, et qui ne doit avoir d'autre restriction que le Droit commun, c'est-à-dire la responsabilité pour tous des actes ou méfaits touchant à l'intérêt privé ou public : Droit qui découle de la Liberté nécessaire, dans toute Collectivité humaine, d'émettre et de communiquer sa pensée sur tout sujet, en toute occasion, et sous la seule clause de la libre appréciation pour tous ; corrélatif, par conséquent, de la Liberté de la Presse, l'agent le plus actif de l'entente commune et du progrès intellectuel.

Secondement dans l'Ordre Administratif, par toute Liberté, compatible avec l'intérêt public, laissée aux Citoyens dans l'organisation et l'administration des intérêts généraux des divers groupes : *Communes*, *Cantons*, *Départements*, Liberté qui seule crée l'initiative et conduit à l'organisation naturelle dont les conditions spéciales échappent à une Adminstration Centrale : Par la *Décentralisation*, en un mot, qui coupe court à toute séquestration du Pouvoir en le disséminant sur toute la surface du sol et qui établit la véritable Unité Nationale par l'égalité dans la satisfaction de tous les intérêts, de même qu'elle initie les Citoyens à la gestion publique.

Troisièmement, dans l'Ordre économique : par

la connaissance du véritable rôle des trois éléments de la Production ; *Capital, Intelligence, Travail*; et, en ne considérant la Propriété privée que comme une Délégation du Capital social sur laquelle, suivant toute justice, doivent porter exclusivement les charges de l'État, jusqu'au jour de sa récupération, pour en exonérer le Travail, véritable base de la prospérité qui ne peut être le fait que de l'activité en plein essor. Enfin, par l'Instruction nécessaire et pratique mise à la portée de tous.

Alors, et seulement alors, la *Liberté* aura tout pouvoir d'agir dans cette transformation. Mais là doit se borner l'action gouvernementale ; car toute ingérence de l'État dans les intérêts privés se traduirait par une pression ou une fausse direction ou un mouvement, soit exagéré, soit incomplet, qui, loin de fonder la pratique ou l'expérience, jetterait dans des écarts capables de retarder l'avénement d'un principe fécond.

VIII

Par toutes les considérations qui viennent d'être émises, il faut bien conclure que l'*Étude sociale* est une nécessité de notre temps, et que ce n'est pas sans motifs que la COLLECTIVITÉ s'impose à nombre d'esprit, comme la voie rationnelle du développement des Sociétés; comme l'expression vraie de l'Idée de Justice et de la libre expansion des facultés de tous; comme le terme si désirable des dissensions, des oppressions, des exploitations, des injustices de misère et de richesse; comme la traduction radicale, enfin, de cette belle pensée de GAMBETTA : « *La Démocratie n'est plus un parti; c'est la raison humaine passant dans l'organisation sociale!* »

La fameuse maxime : LIBERTÉ, ORDRE PUBLIC, qui est devenue de nos jours la devise politique de l'Idée conservatrice de l'organisation actuelle des intérêts, s'est formulée dans l'Ordre économique par ces mots : DIEU, LA PROPRIÉTÉ, LA FAMILLE.

Souvent, lorsqu'une idée nouvelle n'est pas encore émise avec une suffisante clarté, ou qu'elle suppose des considérations antérieures qui ne sont point encore passées dans le domaine public, on vous répond : « *Mais ce sont des mots!* » — Ce serait le cas de demander compte de ces trois mots sacrementels et de savoir ce qu'ils représentent.

— *La Propriété!*... Nous venons de voir sa valeur; une simple délégation pour la mise en rapport du Capital social.

— *La Famille actuelle.!*... C'est la famille

forcée, non selon la nature, mais selon l'établissement des intérêts, et qui engendre l'adultère et la *Bâtardise*, la plus grande des iniquités.

— Dieu!... Grande hypothèse d'une cause première, insaisissable pour l'esprit, toujours à démontrer, qui ne fait que reculer d'un degré le Problème, et qui n'a d'autre rôle, enfin, que la sanction des deux précédentes fictions.

« Mais alors vous voulez tout détruire, tout renverser sans rien mettre à la place?. . . . »

— Erreur!!!...

Nous voulons l'Ordre Rationnel qui donne :

— *Le Fonds commun* ou la Propriété Collective.

— *Le Famille libre*, sous le Patronage de la Société.

— La Conscience ou la justice.

CHAPITRE VII

Modèles de Statuts.

I

Pour faciliter le développement des associations et simplifier le travail des organisateurs, je crois utile d'ajouter des exemples de statuts, ainsi que quelques considérations qui peuvent guider dans leur établissement.

Les *Statuts* d'Associations, comme toutes les Constitutions possibles, doivent être conçus dans des termes précis; mais en même temps les plus larges, autrement on s'exposerait à se lier les mains dans l'avenir, ou à refaire perpétuellement le travail.

C'est aux *Règlements particuliers* à prévoir les points de détail à mesure que l'expérience se fonde, que de nouveaux besoins se formulent, ou que la réflexion et la pratique viennent jeter un nouveau jour sur toutes les questions qui touchent aux intérêts de la société et à sa bonne administration.

Dans ce but, chaque associé et particulièrement chaque membre du Conseil d'administration doit sans cesse se préoccuper des améliorations et des applications utiles qu'ils peuvent entrevoir. Cette communication d'idées est une source d'attraits pour les réunions ; elle intéresse d'autant plus les associés à l'entreprise, et la Direction devra en toutes circonstances la solliciter.

En résumé, quatre points fondamentaux sont à étudier et à bien préciser.

— Premièrement : l'*objet et la constitution de la Société*. Bien exprimer ce qu'on veut faire et les moyens à employer.

— Secondement : *Les Membres*. Quelles sont les personnes qui feront partie de l'Association ; quels seront leurs avantages, quelles seront leurs charges ?

— Troisièmement : *Les Finances*. Comment se constitueront les ressources et comment les bénéfices seront répartis ?

— Quatrièmement : *L'Administration*. Par qui et de quelle manière seront gérés les intérêts de la Société ?

C'est d'après ces considérations que sont établis les statuts suivants, qui ne peuvent être que des types généraux propres à tracer la voie pour toutes les organisations diverses qui peuvent se présenter.

II

ASSOCIATION AGRICOLE DE X***

STATUTS.

§ 1. Objet et constitution de la société.

Art. 1er. — Entre les soussignés, il est formé une Association ayant pour but : la culture sociétaire ; la vente en commun des produits ; l'assistance mutuelle et toute autre organisation utile aux associés.

Art. 2. — L'Association est constituée en *Société civile sous seing privée, à durée illimitée. (Les statuts sont transcrits sur un registre spécial et sont suivis des noms, prénoms et signatures des adhérents.)*

Art. 3. — Elle s'interdit toute opération commerciale proprement dite, toute spéculation qui engagerait la responsabilité de ses membres.

Art. 4. — Son exercice annuel se clôt le. . . . . de chaque année, mais la liquidation générale ne pourra avoir lieu que sur la demande des trois quarts des associés.

§ 2. — Membres.

Art. 5. — Font partie de l'Association tous les cultivateurs et agronomes, ainsi que leurs familles, agréés par leurs collègues et qui adhèrent aux présents statuts. (*Par mesure de prudence et jusqu'à ce que l'article* 291 *du Code pénal soit aboli, il sera bon de limiter le nombre des sociétaires à* 20, *et de ne considérer les femmes et les enfants que comme auxiliaires.*)

Art. 6. — Tous s'engagent à une cotisation de journées de

travail dont ils fixent eux-mêmes la quotité, et à seconder la Société en fidèles et loyaux associés.

Art. 7. — Chaque membre peut se retirer de l'Association quand bon lui semble, mais en soldant le complément de sa cotisation évalué en journées moyennes, sans pouvoir exiger sa part dans les bénéfices ou son apport, de quelque nature qu'il soit, qu'après l'établissement des comptes de l'exercice courant, et sans qu'il puisse jamais, soit par lui, soit par ses ayants droit, demander la dissolution de la Société.

Art. 8. — Par réciprocité, la Société peut toujours évincer de son sein tout membre qui aurait perdu la confiance de ses coassociés, et, dans le cas d'exclusion ou de retraite de plusieurs membres, elle se réserve le droit de n'effectuer les remboursements auxquels ils pourraient avoir droit que par termes successifs et sous la clause d'un droit de — 0/0 à titre d'indemnité et applicable à tous les cas de sortie.

Art. 9. — Toute convocation est obligatoire, sauf empêchement de force majeure. En cas d'absence ou de refus de concours dans les travaux, l'Association peut y pourvoir aux frais de l'absent.

Art. 10. — Toute contestation des associés avec la Société ou des associés entre eux au sujet des affaires sociales est réglée par voie d'arbitrage, sous la direction du Conseil d'administration.

§ 3. Finances.

Art. 11. — Les finances de l'Association comprennent : les souscriptions volontaires représentées par des actions de — fr., qui ne sont transmissibles qu'entre associés ; le produit des travaux ; les dons et legs.

Art. 12. — Le produit de la culture et autres sont partagés ainsi qu'il suit :

1° Remboursement à la caisse de la Société des dépenses courantes et prélèvement à son bénéfice d'un droit de — 0/0.

2° Remboursement des journées fournies, évaluées en journées moyennes. (*Aussitôt que les ressources le permettront, les journées de travail seront remboursées à mesure, au gré des souscripteurs.*)

3° Partage du bénéfice net entre les actions, le travail et les allocations qui pourraient être attribuées à la gestion, proportionnellement à leur chiffre.

Art. 13. — Le fonds social, actions et réserve, ne peut être employé qu'à des acquisitions de meubles et d'immeubles qui garantissent la responsabilité de l'Association.

§ 4. Administration.

Art. 14. — L'Assemblée générale des sociétaires seule approuve ou modifie les statuts, ainsi que les règlements spéciaux, autorise les dépenses et accepte les comptes, décide sur toutes les questions d'intérêt général. Ses décisions sont prises à la majorité des deux tiers des membres présents, et, à moins d'urgence, qu'autant que l'Assemblée comprend les trois quarts des associés.

Art. 15. — L'Assemblée générale nomme, chaque année, — conseillers et des chefs des principaux travaux. Chaque section de 10 sociétaires élit un commissaire.

Art. 16. — Ces fonctionnaires peuvent être indéfiniment réélus, mais ils sont perpétuellement révocables. Ils forment le Conseil d'administration et élisent à leur tour un directeur et deux sous-directeurs qui se partagent les fonctions de gérant, de secrétaire et de trésorier, jusqu'à ce que le développement des intérêts de la Société exige des agents spéciaux.

N. B. Des règlements particuliers déterminent les divers services.

Les présents statuts sont toujours révisibles par l'Assemblée générale, soit par suite de l'expérience acquise, soit par le développement de l'Association.

III

L'Association Industrielle, quoique plus complexe par sa forme commerciale, pourrait se constituer avec des statuts d'une aussi grande simplicité ; mais les sociétés existantes peuvent fournir, comme il a été dit, des renseignements d'autant meilleurs que ces sociétés ont pour elles une expérimentation faite.

Je ne saurais donc mieux faire que de reproduire les statuts ainsi que les règlements particuliers de la *Société des Maçons de Paris*, qui jouit à juste titre d'une considération sanctionnée par un succès croissant depuis sa fondation en 1848.

Je ne ferai que la seule réserve, déjà émise, sur la double forme *Collective* à l'égard des gérants et *Commanditaire* pour les simples associés, que cette Société a cru devoir conserver, malgré les facilités nouvelles données à la forme anonyme par la loi du 13 juin 1867.

TITRE Ier.

NATURE ET OBJET DE LA SOCIÉTÉ. — SA DURÉE.

Art. 1er. — Il est formé par les présentes une société commerciale en nom collectif à l'égard des soussignés, associés solidaires et indéfiniment responsables, et en commandite à l'égard de tous ceux qui adhèrent ou adhéreront à cet acte par la suite, soit comme travailleurs ou non travailleurs, sauf les conditions d'admission prévues ci-après.

Art. 2. — La société a pour but l'exploitation de tout ce qui concerne les travaux de maçonnerie et l'entreprise du bâtiment en général, l'achat et la vente d'immeubles, opérations et négociations se rattachant à ces entreprises.

Art. 3. — Le nom de chaque associé sera inscrit sur un livre à souche spécial dont il lui sera délivré un extrait signé par la Gérance pour lui servir de titre.

Art. 4. — Les sieurs . . . . sont nommés gérants.

La raison et la signature sociales sont : . . . .

Art. 5. — Le siége de la société est fixé à. . . . . Il pourra être transféré ailleurs, après délibération de l'Assemblée.

Art. 6. — La durée de la société est fixée à *quatre-vingt-dix-neuf ans* qui *commenceront à courir du*. . . . .

TITRE II.

CAPITAL SOCIAL. — APPORT.

Art. 7. — Le capital est illimité et variable.

Art. 8. — Le minimum obligatoire du capital de chaque associé est fixé à . . . . . francs, mais il pourra être augmenté indéfiniment au gré des associés par souscription d'au moins . . . francs.

Le capital des associés actuels, s'il est inférieur à la somme de. . . . . . francs, devra être porté à ce chiffre, conformément à l'article 9.

Pour ceux dont le capital dépasserait le chiffre obligatoire, ce capital reste soumis aux conditions des articles 11 et 12.

Art. 9. — Le capital obligatoire de chaque associé sera réalisé :

1° Par les sommes versées comptant;

2° (*Pour les non travailleurs*) par des versements mensuels, ne pouvant être inférieurs à . . . . . . francs;

3° (*Pour les travailleurs et les employés de la société*) par la retenue d'un dixième sur leurs salaires ou appointements;

4° (*Pour les uns et les autres*) par la retenue totale des bénéfices, en outre des charges ci-dessus jusqu'au complément des deux premiers . . . francs, et ensuite pour les derniers mille francs, par la retenue des bénéfices seulement.

L'associé, s'il le préfère, a toujours le droit de se libérer par un ou plusieurs versements.

Pour faciliter la répartition, les versements partiront toujours du premier de chaque mois; ceux faits dans la première quinzaine partiront du premier du mois, ceux faits après le quinze partiront du premier du mois suivant.

Art. 10. — Le capital a droit, avant toute répartition, à un prélèvement d'intérêt fixe de quatre pour cent, payable fin juillet de chaque année, et à trente-cinq pour cent dans les bénéfices, comme il est dit article 40.

Art. 11. — Le capital social, qui est aujourd'hui de . . . . francs, pourra toujours être augmenté par l'adjonction de nouveaux associés, et par des versements facultatifs; pour la sécurité des tiers, chaque année, le chiffre du capital fixé par l'inventaire sera publié dans les formes prescrites par la loi.

Art. 12. — Chaque associé pourra retirer le dixième de son capital facultatif seulement, en en faisant la demande du premier au trente et un janvier, et la société ne sera tenue d'en opérer le remboursement qu'un an après la demande.

Art. 13. — Chacun des associés, travailleurs ou employés de la Société, lui doit son travail, son industrie et sa capacité; il s'oblige à donner tous ses soins aux entreprises, ainsi qu'à fournir sa collaboration active, suivie et régulière, à toutes les opérations que fera la Société.

Il promet de se conformer et de se soumettre à toutes les règles et conditions qui sont et qui seront établies, soit par le présent acte de société, soit par les règlements de travail et d'ateliers y relatifs.

Il s'interdit absolument de faire aucune entreprise de même nature pour son compte particulier ou pour celui d'autres personnes, comme aussi de s'intéresser, soit directement, soit indirectement dans aucune opération ou entreprise de maçonnerie, le tout sous peine d'exclusion.

Néanmoins, dans le cas où la Société n'aurait pas de travaux en quantité suffisante pour occuper tous ses membres, la Gérance pourra autoriser ceux qui le demanderont à travailler ailleurs temporairement.

Celui qui quittera les chantiers sans autorisation perdra son droit de travailleur, et ne pourra le recouvrer qu'après délibération du Conseil de famille.

L'associé dont l'apport ne serait pas complet et qui userait de l'autorisation de travailler au dehors, sera toujours tenu de verser dix pour cent du produit de ses journées à son compte obligé, et s'il n'était pas sincère dans ses déclarations, le Conseil de famille lui infligerait les peines portées au règlement.

Art. 14. — Les associés seront payés suivant les usages de la profession, soit à la journée, soit aux pièces, ainsi qu'il sera décidé par un vote de l'Assemblée générale.

Les employés recevront les appointements ou honoraires qui leur seront alloués par la Gérance.

Art. 15. — Tous les associés, travailleurs ou employés, doivent faire partie de l'assistance sociale, en se conformant au règlement fait ou modifié par l'Assemblée générale. Tous y ont droit.

TITRE III.

ADMINISTRATION. — GÉRANCE.

Art. 16. — Les affaires de la Société sont administrées par des gérants qui ont seuls la signature sociale, mais ils ne peuvent en faire usage que pour les affaires de la Société.

Les gérants apportent à la Société leur crédit, leur industrie, et chacun d'eux la part de capital exigée de tous les associés. Ils doivent tout leur temps à la Société. Ils la représentent dans tous ses rapports avec les tiers ; ils traitent pour tous les travaux à entreprendre ; ils sont chargés des ventes, achats, locations, et de la correspondance ; ils signent tous les traités et conventions, souscrivent et endossent tous les effets de commerce ou autres, contractent tous emprunts avec ou sans hypothèques, exercent toutes poursuites et payent les dettes de la Société.

Ils peuvent agir ensemble ou séparément.

Ils nomment à tous emplois administratifs ; ils admettent les travailleurs temporaires, organisent les services, distribuent ou font distribuer le travail.

Ils peuvent convoquer extraordinairement l'Assemblée générale. Ils logeront au siége de la Société. Ils ont droit à un traitement annuel qui est fixé par l'Assemblée générale et payable par mois.

Si, pour quelque motif que ce soit, un ou plusieurs des gérants, ou qui l'auraient été, viennent à se retirer, que leur retraite soit volontaire ou forcée, qu'elle ait pour effet de les exclure entièrement de la Société ou seulement de la gérance, il leur est interdit, sous peine de cinquante mille francs de dommages et intérêts pour chacun des contrevenants : 1° de s'établir pour aucune partie du bâtiment ; 2° de prendre intérêt quelconque, direct ou indirect dans un autre établissement de même genre ; 3° de prêter leur nom ou leur concours dans aucune opération de bâtiment, et ce, pour la période de cinq années, à charge par la Société de payer à chacun d'eux pendant le temps que durera l'interdiction, les appointements qu'ils recevaient avant leur retraite.

La Société se réserve le droit de lever l'interdiction avant le délai des cinq années, si elle le juge convenable, et la signification en sera faite à l'ex-gérant un mois à l'avance.

TITRE IV.

COMITÉ DE CONTROLE.

Art. 17. — Un Comité de contrôle, nommé par l'Assemblée, composé de neuf membres, surveille et contrôle toutes les affaires de la Société. Les membres du Conseil sont élus pour dix-huit mois; ils sont renouvelés par tiers tous les six mois pour les deux premiers semestres, les membres sortants sont désignés par le sort.

Le Conseil nomme son Président, son vice-Président, son Secrétaire et détermine ses jours de réunion.

Les membres sortants peuvent être réélus.

Tout membre du Comité de contrôle peut être révoqué par l'Assemblée générale, sur la proposition de six membres du Comité.

Art. 18. — Le Comité de contrôle veille à l'exécution des statuts et des règlements, contrôle les opérations de l'administration et vérifie la comptabilité, la caisse et le portefeuille; il prend connaissance de la correspondance, des contrats, traités, en un mot de tout ce qui concerne les intérêts de la Société. Il approuve les états de situation mensuels, les inventaires, et propose le chiffre des répartitions. Il donne son avis sur les règlements que les gérants présentent à l'approbation de l'Assemblée.

Art. 19. — Le Comité de contrôle soumet aux assemblées

générales les cas de retraite ou de révocation des gérants et la convoque, s'il y a lieu, à élire leurs remplaçants.

Il fait, tous les trois mois, un rapport à l'Assemblée sur la situation de la Société.

La présence des deux tiers de ses membres est nécessaire pour la validité de ses décisions, lesquelles seront prises à la majorité.

En cas de partage de voix, celle du président sera prépondérante.

Art. 20. — Le Comité de contrôle ne s'immisce, en aucun cas, dans la gestion proprement dite. Les gérants ne sont pas obligés d'exécuter ses décisions.

Art. 21. Tous les membres composant le Comité de contrôle sont tenus d'assister à chacune de ses séances.

TITRE V.

CONSEIL DE FAMILLE.

Art. 22. — Le Conseil de famille se compose de neuf associés autres que les gérants et les membres du Comité de contrôle. Ils sont d'abord pris par rang d'ancienneté dans la Société, ensuite à tour de rôle; ils se renouvellent par tiers tous les six mois, et, à chaque vacance, quel qu'en soit le motif.

Art. 23. — Le Conseil de famille se réunit au moins deux fois par mois, et aussi souvent qu'il sera convoqué par le Comité de contrôle ou par un gérant.

La présence d'au moins six membres est nécessaire pour la validite de ses décisions, qui seront prises comme il est dit article 19.

Art. 24. — Le Conseil de famille nomme son Président, son vice-Président et son Secrétaire.

Art. 25. — Il a pour mission de juger en dernier ressort toutes les contestations qui pourront s'élever entre la Société et les associés, ou entre les associés pour les affaires de la Société, de statuer sur l'interprétation des règlements, sauf appel à l'Assemblée. Il propose à l'Assemblée l'admission et l'exclusion des associés ; il donne son avis sur la révocation et le remplacements des gérants et, en cas de décès, retraite ou révocation de l'un d'eux, il propose un membre pour le remplacer provisoirement.

Il règle les indemnités à accorder soit aux gérants, soit aux autres associes en cas de maladie ou accident de toute nature, constatés par ses soins.

Il arrête définitivement le tableau de répartition.

Art. 26. — Tous les membres composant le Conseil de famille sont tenus à assister à chacune de ses réunions.

TITRE VI.

ASSEMBLÉES GÉNÉRALES.

Art. 27. — Les associés se réunissent en assemblée générale le . . . . . . de chaque mois, et plus souvent si la Gérance ou le Comité de contrôle le juge nécessaire.

Ces réunions sont présidées par le Président du Comité de contrôle.

Art. 28. — L'Assemblée entend le compte-rendu des gérants et le rapport du Comité de contrôle. Elle prend communication des inventaires et approuve, s'il y a lieu, et détermine, d'après ces inventaires et conformément aux statuts, le chiffre dês bénéfices ou des pertes à répartir.

Art. 29. — L'Assemblée peut seule prononcer définitivement sur les admissions ou exclusions des associés, sur l'acceptation des souscriptions, sur la nomination et la révocation des gérants, des membres du Comité de contrôle et du Conseil de famille, décider l'adoption ou les modifications des règlements de la Société, et les changements aux présents statuts ; pour ce dernier cas, la réunion devra comprendre les trois quarts des associés, et la majorité sera formée des trois quarts des membres présents. Dans le cas où le nombre des membres nécessaires pour constituer l'Assemblée convoquée ordinairement ou extraordinairement ne serait pas atteint, la réunion sera renvoyée à huit jours pour tout délai.

Les associés absents seront convoqués par lettre chargée, et à cette nouvelle réunion, l'Assemblée pourra se constituer et délibérer valablement, quel que soit le nombre des membres présents, en se maintenant toutefois dans l'ordre du jour porté à la précédente réunion.

Les délibérations de l'Assemblée, régulièrement constituée, sont obligatoires pour tous les membres de la Société présents, absents ou dissidents.

Les délibérations seront consignées sur un registre à ce destiné et seront signées par le Président et par le Secrétaire de l'Assemblée.

TITRE VII.

ADMISSIONS. — DÉMISSIONS. — EXCLUSIONS. — DÉCÈS.

Art. 30. — L'Association peut toujours admettre de nouveaux membres, mais nul ne peut être admis qu'en se conformant aux présents statuts et au programme d'admission adopté par l'Assemblée générale et avoir été postulant pendant un temps d'essai qui ne pourra être moindre de . . . mois.

Le postulant admis en cette qualité devra, selon le programme d'admission, se conformer aux instructions qui lui seront données, et sera obligé à tous les devoirs sociaux comme les associés et aura les mêmes droits, sauf le droit de vote et la participation aux bénéfices.

Art. 31. — Il sera restitué au postulant non admis toutes les sommes qu'il aura versées pour frais d'admission ou à valoir sur son apport social, mais s'il se retire de son plein gré avant son admission, il n'aura aucun droit au remboursement des frais d'admission qui resteront acquis à la Société à titre de dommages-intérêts.

Art. 32. — Les admissions seront faites pour toute la durée de l'Association ; néanmoins tout associé peut se retirer quand bon lui semble. L'admission ou l'exclusion d'un sociétaire est toujours considérée comme datant du 31 décembre de l'année dans laquelle elle se produit, et il sera remboursé comme il est dit au titre 9, article 44.

Les associés démissionnaires ou exclus devront s'en rapporter à l'inventaire social et ne pourront en aucun cas en requérir un supplémentaire. Ils n'auront pas le droit d'assister aux réunions ni de s'immiscer dans la gestion des affaires de la Société.

Art. 33. — La Société sera réputée seule propriétaire de tous les objets composant son actif. En conséquence, les créanciers particuliers d'un des associés ne pourront saisir ou discuter ces objets ; ils n'auront que la faculté de faire des actes conservatoires contre leurs débiteurs entre les mains de ses co-intéressés, et seront tenus de s'en rapporter aux comptes arrêtés entre les associés, sans pouvoir s'immiscer directement ou indirectement dans les affaires de la Société.

Art. 34. — Si un associé était jugé indigne, pour quelque motif que ce soit, de continuer à faire partie de l'Association, il pourrait être exclu. Les motifs sont déterminés par le règlement accepté par l'Assemblée générale, comme il est dit article 29.

L'exclusion ne pourra être prononcée définitivement qu'après délibérations de deux assemblées ordinaires et à la majorité simple des membres présents à chacune d'elles.

A chaque assemblée, le membre, dont l'exclusion sera demandée, aura le droit d'être entendu personnellement pour sa défense.

Art. 35. — En cas de décès d'un des associés, ses héritiers, représentants ou ayants cause ne pourront réclamer que les droits de leur auteur, tels qu'ils seront fixés par l'inventaire qui suivra son décès, et la Société se libérera vis-à-vis d'eux comme il sera dit au titre IX, article 44.

Elle servira un intérêt de cinq pour cent payable par semestre à partir du jour du décès, sans être obligée de donner caution.

Art. 36. — Si le membre décédé laisse une veuve et des enfants en bas âge, la Société peut, sur la demande de la veuve ou du tuteur et la proposition des gérants, décider que les fonds dont elle leur doit compte continueront à jouir des bénéfices de l'Association. Cette décision ne donne à la veuve et au tuteur aucun droit de contrôle, mais seulement celui de déléguer à un membre de la Société la surveillance de leurs intérêts.

Elle constitue une faveur qui peut être retirée par une décision de l'Assemblée prise à la majorité, et qui cesse de plein droit pour la veuve si elle se remarie, et pour les enfants dès qu'ils atteignent l'âge de majorité. Si l'apport du sociétaire décédé n'atteignait pas au moment de son décès le minimum obligatoire, ce minimum se compléterait au moyen d'une retenue sur les bénéfices, et le Conseil de famille aurait chaque année à en déterminer le chiffre.

Art. 37. — En cas de mort de la femme de l'un des associés, les représentants de cette dernière n'auront aucun droit à s'immiscer dans les affaires de la Société, ni de lui faire aucune réclamation, le mari survivant devant en faire son affaire personnelle vis-à-vis d'eux et garantir l'association de toute demande de leur part.

Art. 38. — Le représentant d'un associé, ses ayants cause, ses créanciers, l'associé qui se retire, celui qui est exclu et leurs représentants ou ayants droit ne pourraient requérir sous quelque prétexte que ce soit, l'apposition des scellés, ni provoquer d'inventaire. Dans tous les cas, ils devront s'en rapporter à l'inventaire annuel qui suivra leur retraite, et il ne pourra en être demandé un supplémentaire.

TITRE VIII.

INVENTAIRE. — BÉNÉFICES. — PERTES. — FONDS DE RÉSERVE.

Art. 39. — L'inventaire annuel, fait par les soins des gérants, examiné par le comité de contrôle, sera présenté par lui à l'approbation de l'assemblée générale.

Il sera mis à la disposition de tous les associés, huit jours au moins avant la réunion. Il contiendra tout l'actif et tout le passif de la Société. L'excédant en bénéfices ou en pertes sera réparti comme il est dit ci-après.

Art. 40. — L'excédant de l'actif sur le passif, net de toutes charges et de ce qui est spécifié aux articles 10 et 41 des présentes, représente le bénéfice, qui sera réparti comme suit :

35 pour cent au capital ;

60 pour cent au Travail ;

5 pour cent à la disposition de l'Assemblée générale, qui en disposera comme bon lui semblera.

La part afférente au Capital se répartit proportionnellement à l'importance des apports réalisés.

Celle afférente au Travail au prorata des journées ou à celui des salaires ou appointements qui pourra être fait pendant l'année pour le compte de la Société, et ce après que l'Assemblée générale en aura décidé par un vote.

Chaque associé dont l'apport sera complet pourra toucher les bénéfices lui revenant. Toutefois ce bénéfice ne sera payable qu'à partir du quinze mars de la deuxième année après la fixation de la répartition ; il portera intérêt à cinq pour cent, à partir de janvier qui suivra ladite répartition.

Art. 41. — Pour faire face aux éventualités, il est établi un Fonds de Réserve.

Ce fonds devra être égal au dixième des sommes souscrites.

Il sera formé par une retenue du vingtième sur les bénéfices avant leur partage.

Cette retenue cessera le jour où le chiffre exigé sera atteint.

Art. 42. — Le fonds de réserve servira :

1° A couvrir le prélèvement sur le capital en cas d'insuffisance dans les bénéfices;

2° A faire face aux pertes.

Dans le cas où il serait insuffisant pour les couvrir, la somme de pertes restant sera répartie comme l'auraient été les bénéfices et déduite du capital de chaque associé.

Art. 43. — La perte à la charge de chaque associé sera prise sur son capital, lequel devra être reconstitué dans les termes déterminés sous l'article 9, si, par suite de l'amoindrissement en résultant, il se trouve inférieur au chiffre minimum réglementaire.

TITRE IX.

REMBOURSEMENT DU CAPITAL.

Art. 44. — Dans le cas de décès, démission ou exclusion, le capital est payable deux ans après l'inventaire qui suit la sortie du sociétaire, sans que la Société soit tenue à fournir ni garantie, ni caution.

Les intérêts de 5 0/0 payables par semestre seront dus à partir de l'inventaire, sauf pour le cas de décès, où l'intérêt sera dû à partir du décès.

TITRE X.

DISPOSITIONS GÉNÉRALES. — MODIFICATIONS.

Art. 45. — A l'expiration de la Société ou à sa liquidation, pour quelque cause que ce soit, il sera procédé au partage de l'actif entre tous les associés, proportionnellement à leurs droits respectifs, tels qu'ils sont déterminés article 40 ci-dessus, sauf ce qui sera dit ci-après, article 47, en ce qui concerne le fonds de réserve.

La liquidation se fera suivant le mode qu'adoptera l'Assemblée générale.

Art. 46. — Aucune modification aux présents statuts ne pourra être acceptée par l'Assemblée générale qu'après avoir été proposée par les Gérants, le Comité de contrôle ou cinq membres de l'Association, et d'après avis du Conseil de famille; les propositions devront être connues des associés avant d'être mises à l'ordre du jour.

Art. 47. — En cas de dissolution de la Société, le fonds de réserve sera réparti à chacun des associés existants en proportion du nombre d'années passées dans la Société. Cependant, si le tiers des membres, travailleurs ou employés, composant l'Association, voulaient la continuer, le fonds de réserve leur appartiendrait de droit pour continuer l'œuvre, avec obligation de maintenir la même clause pour leurs successeurs.

Art. 48. — Tous pouvoirs sont donnés au porteur d'une expédition des présentes pour les publier et déposer partout où besoin sera, conformément à la loi.

RÈGLEMENTS D'ADMINISTRATION.

PREMIER RÈGLEMENT

concernant les versements au capital (*art.* 9 *de l'Acte de Société.*)

Art. 1er. — Il est accordé jusqu'au quinze de chaque mois pour verser ce qui est échu du mois précédent.

Néanmoins, celui qui voudrait constater qu'il ne sera payé qu'après ce délai, obtiendra du temps jusqu'à ce qu'il ait touché sa paye.

Art. 2. — Ces retenues et versements seront inscrits sur

un livre, dit des comptes obligés de nos associés, et sur un petit carnet délivré à cet effet à chaque associé pour lui servir de titre. Il contiendra, en outre, l'engagement extrait du livre à souche.

Ce carnet servant de reçu ne pourra servir à autre chose, et le porteur devra le présenter à chaque fois qu'il sera nécessaire.

Art. 3. — Tout contrevenant au présent sera passible d'une amende de deux francs pour la première fois, de cinq francs pour la deuxième, et de la suspension suivie de la demande d'exclusion pour la troisième.

Art. 4. — Tout associé reconnu faux dans sa déclaration sera passible d'une amende de cinq francs pour la première fois et de la suspension suivie de la demande d'exclusion pour la deuxième ; les mêmes peines s'appliquent aux complices.

Art. 5. — Les dispositions ci-dessus sont applicables à tous les membres du Conseil de surveillance et de la Gérance ; pour eux, les amendes sont doubles.

Art. 6. — Le président du Conseil de famille devra faire exécuter le présent règlement sous sa responsabilité.

S'il laisse contrevenir au présent, il sera passible d'une amende de cinq francs pour la première fois et révoqué s'il y a récidive.

Art. 7. — Tous les associés sont invités à aider le président du Conseil dans sa mission. Celui qui laissera contrevenir au présent avec connaissance des faits, sera réputé complice.

DEUXIÈME RÈGLEMENT

concernant la conduite à suivre pour les Associés.

Art. 1er. — Il est sérieusement défendu à tous les membres de l'Association : 1° de parler de ses affaires, soit entreprise, soit intérieur, soit organisation, hors de sang-froid ou avec des gens tels ; 2° de dire ou insinuer quelque chos de malveillant contre l'Association ou contre ses membres; 3° de tolérer, laisser dire par des non-associés de la malveillance contre l'Association ou ses membres, sans protester ou sans demander *justification.*

Art. 2. — Il est sérieusement recommandé de veiller à l'exécution de tout ce qui se rattache à l'intérêt de l'Association, ainsi que ce qui est dit par le présent, de porter à la connaissance du Conseil de famille tout ce qu'il sera nécessaire qu'il connaisse.

Art. 3. — Ceux qui n'observeront pas le présent seront passibles des peines portées dans l'article 4 du règlement concernant les chantiers.

TROISIÈME RÈGLEMENT.

concernant les magasins et chantiers de dépôt.

Art. 1er. — Rien ne doit sortir sans être inscrit et détaillé sur le livre déposé à cet effet partout où besoin sera. Le détail d'ordre devra mentionner : 1° le nom de chaque objet; 2° la quantité de chacun, soit matériel, outils ou matériaux; 3° où l'on doit les conduire; 4° le nom de celui qui prend ou fait prendre.

Si pour prendre ce qui est nécessaire on dérangeait autre chose, on doit le remettre en place avant de sortir.

Tous les échafauds remis en magasin doivent : 1° être bien nettoyés; 2° déposés à leur place respective, selon l'ordre établi par le conservateur; 3° les contrôler à leur sortie; s'il y a une différence, quelle qu'elle soit, il doit en être fait mention en marge ou à la suite, ainsi que la raison d'être.

Pour les matériaux, on doit inscrire : 1° leur nature; 2° la quantité de chaque; 3° d'où ils proviennent; 4° celui qui les remet. Ils doivent être déposés comme les échafauds.

Art. 3. — Tout contrevenant aux articles ci-dessus sera passible d'une amende d'un franc pour la première fois, de deux francs pour la deuxième, de quatre francs pour la troisième, et pour la quatrième encourra la suspension suivie de la demande d'exclusion.

Art. 4. — Des rapports seront faits par le Conservateur à la Gérance, dans lesquels il mentionnera ceux qui auront rendu des services, fait des réparations, organisé, etc., ainsi que les noms des contrevenants et les fautes qu'ils auront commises.

Art. 5. — Le Conservateur est placé sous l'autorité de la Gérance.

Il est chargé de l'exécution du présent sous sa responsabilité. Il doit verbaliser sur les délits et remettre le procès-verbal à la Gérance dans les vingt-quatre heures.

S'il laisse contrevenir au présent, il sera passible d'une amende de cinq francs pour la première fois et révoqué s'il y a récidive.

Art. 6. — Le présent sera affiché partout où besoin sera, à l'endroit le plus apparent.

QUATRIÈME RÈGLEMENT

concernant les employés, les travailleurs, les chantiers et les corvées.

Art. 1er. — Les conducteurs des travaux sont les délégués de la Gérance; elle doit faire connaître ses nominations à qui de droit, et procurer un exemplaire du présent à chaque associé.

Art. 2. — Les conducteurs devront : 1° diriger les travaux selon les instructions qui leur seront données; 2° contrôler les marchandises qui leur seront livrées, en donner le reçu et faire les observations nécessaires; 3° tenir une main-courante, contenant les marchandises entrées et sorties, le temps fait par les travailleurs et les attachements; 4° faire un rapport *chaque mois* sur le mérite des travailleurs et spécialement sur les apprentis; 5° répondre de tout ce qui leur sera confié, tant en marchandises qu'en équipages et outils.

Il leur est expressément défendu de commander brutalement et d'employer des gros mots, sous quelque prétexte que ce soit. En cas de contestation ou de désobéissance, ils feront un rapport au Conseil de famille.

Art. 3. — Tous les travailleurs devront se conformer aux instructions et aux ordres des conducteurs; il leur est aussi défendu de répondre grossièrement à qui que ce soit et sous quelque prétexte que ce soit.

Ils devront dresser une plainte au Conseil de famille de tout ce qu'ils croiront convenable, soit dans l'intérêt de l'Association, soit dans le leur personnel.

Art. 4. — Tout contrevenant sera passible d'une amende de un franc pour la première fois; elle augmentera d'un franc jusqu'à la quatrième fois, et pour la cinquième la suspension pourra être prononcée et suivie de la demande d'exclusion, sans préjudice du maximum de l'amende.

Pour les conducteurs, les amendes seront doubles.

Art. 5. — Toute voie de fait entraîne le maximum de la peine et de l'amende; pour les conducteurs, la révocation immédiate en plus.

CINQUIÈME RÈGLEMENT

concernant l'Assistance sociale.

Art. 1er. — Il est créé par le présent un compte qui a pour titre : *Assistance sociale*, dans le compte-courant de la Société.

Art. 2. — Les ressources de ce compte seront : 1o 1 0/0 sur le salaire des associés et des postulants travailleurs; 2o toutes les amendes provenant des peines infligées tant par les règlements d'administration, du Conseil de famille, du Comité de contrôle et de l'Assemblée; 3o le reste du dividendedes bénéfices aux inventaires; 4o les dons ou pour boires reçus dans les travaux des propriétaires, architectes, fournisseurs, etc., qui étaient dépensés antérieurement sous le nom de bouquet; 5° les dons volontaires ou ceux que s'imposeront les associés.

Art. 3. — Les dépenses seront les secours accordés par le Conseil de famille, savoir : 1° aux associés blessés ou malades; 2° aux blessés non associés travaillant dans les chantiers de la Société; 3° aux demandes d'admissions publiques et des particuliers; 4° aux parents des associés ou postulants, pour frais de leur enterrement; 5° les honoraires du médecin dont il sera parlé ci-après.

Ces secours, déterminés par le Conseil de surveillance d'après les ressources et les dépenses de ce compte, seront établis par un tableau que publiera le Conseil et qui sera modifié suivant les nécessités.

Toutefois, l'indemnité à accorder aux malades est fixée par l'Assemblée à trois francs par jour, et ne pourra être modifiée que par elle, qui préfère s'imposer de nouveaux sacrifices pour ne pas baisser ce secours.

Art. 4. — Un membre du Comité de contrôle nommé par lui sous la dénomination de Censeur de l'Assistance sociale est chargé : 1° de signifier toutes les amendes à percevoir chaque mois; 2° de contrôler les recettes; 3° de soumettre au Conseil de famille toutes les demandes de secours et veiller à l'exécution du présent.

Art. 5. — Un médecin, nommé par l'Assemblée, et qui pourra s'adjoindre un aide, devra être appelé par les malades ou blessés pour constater la maladie ou la guérison. Ces deux visites sont seules à la charge de la Société.

Art. 6. — Faute de se conformer aux présentes et aux avis et instructions du Censeur, on perdra tous ses droits aux secours.

Je m'en tiendrai à ces deux exemples d'Association de Production , la Société par excellence, parce qu'elle réunit en même temps les hommes et les intérêts. Ils peuvent servir de types pour toutes les autres institutions collectives.

FIN.

TABLE

Paris. Typ. A. Parent, rue Monsieur-le-Prince, 31.

www.ingramcontent.com/pod-product-compliance
Ingram Content Group UK Ltd.
Pitfield, Milton Keynes, MK11 3LW, UK
UKHW012219240726
13966UKWH00003B/847

9 782012 973084